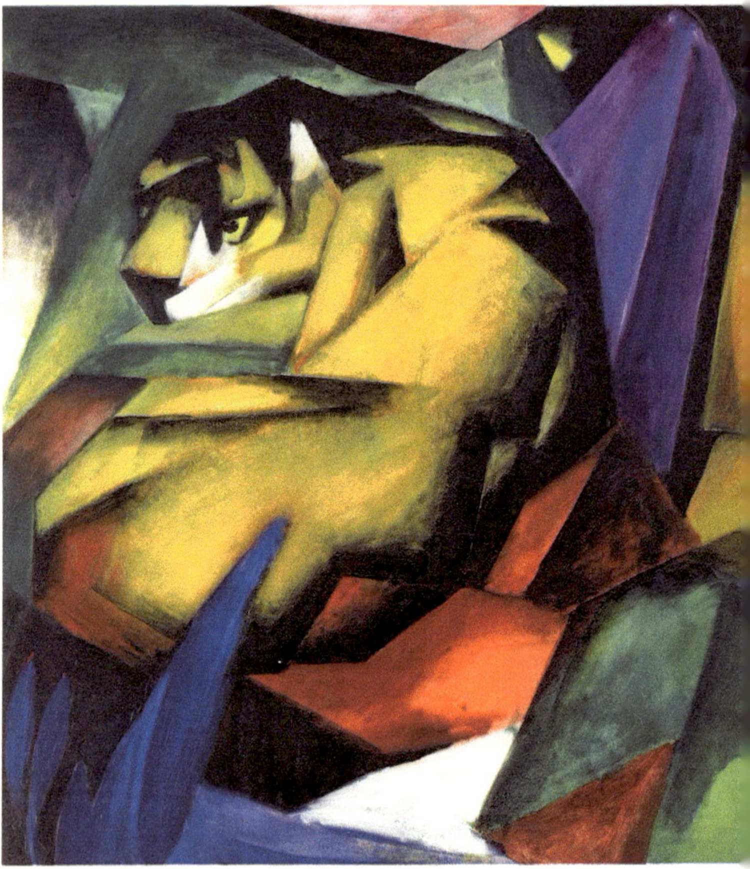

WIE UNENDLICH FEINERE SINNE MUSS EIN MALER HABEN

FRANZ MARCS „TIGER“

CHRISTOF L. DIEDRICHS

⦿ **ein**blicke – Kunstgeschichte in Einzelwerken
Band 4

FSC
www.fsc.org
MIX
Papier aus verantwortungsvollen Quellen
Paper from responsible sources
FSC® C105338

Bibliographische Information der Deutschen Nationalbibliothek:
Die Deutsche Nationalbibliothek verzeichnet diese Publikation in der Deutschen Nationalbibliografie. Detaillierte bibliografische Daten sind im Internet unter http://dnb.dnb.de abrufbar.

2. Auflage (12/2016)
Herstellung und Verlag:
BoD – Books on Demand, Norderstedt
Umschlaggestaltung: Kröger Kommunikation, Lünen

ISBN: 978-3-7412-7409-1

Abb. 1 (Frontispiz):
Franz Marc, Tiger, 1912;
München, Städtische Galerie im Lenbachhaus

Bilder müssen mit so viel Überlegung und Behutsamkeit betrachtet werden, wie sie gemalt wurden.

„Hat es irgendwelchen vernünftigen oder gar künstlerischen Sinn, das Reh zu malen, wie es unsrer Netzhaut erscheint oder in kubistischer Form, weil wir die Welt kubistisch fühlen? Wer sagt mir, daß das Reh die Welt kubistisch fühlt; es fühlt sie als ‚Reh', die Landschaft muß also ‚Reh' sein. [...] Wie unendlich feinere Sinne muß ein Maler haben, das zu malen!"

Franz Marc, Aufzeichnungen auf Blättern in Quart, zitiert nach: Klaus Lankheit (Hg), Franz Marc. Schriften, Köln 1978, S. 99f.

Für Silke

INHALT

Einleitung: Kunst der Moderne 9
Was ist die Moderne in der Kunst? – Die andere Seite der Freiheit – Kennzeichen der Kunst der Moderne

Franz Marcs *Tiger* I 25
Beschreibung 1 – Der erste Blick

Franz Marc: Maler am Beginn des 20. Jahrhunderts . 31
Anfänge – Entdeckung der Natur – Neue Ausdrucksmöglichkeiten – Ende der ‚Eigenbrödelei'

Franz Marcs *Tiger* II 42
Künstlerische Mittel – Beschreibung 2 – Lokalfarbe *versus* Bildfarbe

Franz Marc in seinen Schriften 53
Ansatz 1: Das Tier als Chiffre – Ansatz 2: Farbtheorie und Farbsymbolik – Ansatz 3: Wie sieht ein Pferd die Welt?

Franz Marcs *Tiger* III 70
Deutung 1: Anthropologischer Subtext – Deutung 2: Gelb und Blau: das weibliche und das männliche Prinzip – Deutung 3: Poesie des Teichhuhns

Epilog 87

Anhang

Anmerkungen 90

Abbildungen 95

Abbildungsnachweis 106

Verzeichnis der verwendeten Literatur 107

Glossar – Erklärung von Fachbegriffen 109

Dank 113

Die Reihe „**ein**blicke – Kunstgeschichte in Einzelwerken“ 115

– EINLEITUNG – KUNST DER MODERNE

Der Begriff „Moderne Kunst“ wird von Kunstliebhabern und kunsthistorischen Fachleuten in unterschiedlicher Weise verwendet. Die einen meinen damit zeitgenössische, also aktuelle Kunst des frühen 21. Jahrhunderts, andere die Kunst des fortgeschrittenen 20. Jahrhunderts, für viele ist es die Kunst van Goghs, Gauguins, Monets, August Mackes, Franz Marcs, Wassily Kandinskys und Paul Klees, also jene Kunst, die gewöhnlich als „Klassische Moderne“ bezeichnet wird.

Der weiteste und am besten begründete Begriff von „Moderner Kunst“ umfasst die Kunst zwischen der Zeit um 1800 und der Mitte des 20. Jahrhunderts, etwa bis zum Ende des Zweiten Weltkriegs.

Wesentlich für die Entscheidung, den Beginn der Moderne um 1800 anzunehmen, war die Beobachtung, dass sich zu dieser Zeit die Gesellschaft und mit ihr die Kunst – ihre Bedingungen und ihre Formen – in grundlegender Weise geändert haben. Noch die Kunst des 20. und 21. Jahrhunderts steht auf jenen Fundamenten, die am Ende des 18. Jahrhunderts gelegt worden sind und die nicht allein den Kunstbetrieb, sondern das Verständnis von Kultur überhaupt vollständig verändert haben. Ohne diese Fundamente sähe unsere Kultur heute anders aus.

Was ist die Moderne in der Kunst?

Alles begann mit der Aufklärung, deren führende Köpfe Montesquieu († 1755), Voltaire († 1778), Jean-Jacques Rousseau († 1778) und Immanuel Kant († 1804) waren. Diese beriefen sich ihrerseits auf die kurz zuvor entstandene, neue philosophische Denkweise vor allem von

René Descartes († 1650), Spinoza († 1677), Gottfried Wilhelm Leibnitz († 1716) und anderen.

Im Unterschied zu den vorhergehenden Jahrhunderten, die unter der Führung der Kirche das Heil des Menschen ausschließlich von der Gnade Gottes abhängig gesehen hatten, wollten die Aufklärer unter dem Wahlspruch „*Sapere aude!* Habe Mut, dich deines eigenen Verstandes zu bedienen!" den Menschen nun *auf dem Weg der Vernunft* zum „Ausgang aus seiner selbst verschuldeten Unmündigkeit" führen.[1] Sie verpflichteten den Menschen auf seine eigenen, geistigen Fähigkeiten, auf Vernunft und Verstand, und zertrümmerten damit das alte, auf der christlichen Offenbarungsreligion fußende Weltbild. Alles Unerklärliche und auch manches Erklärbare auf das Einwirken Gottes zurückzuführen, dessen Ratschluss bekanntlich unergründlich ist, war es, was Kant mit der geistigen Unmündigkeit des Menschen gemeint hatte: nicht weiter fragen zu dürfen, die Antworten statt in Natur und Vernunft in der Bibel und den Traktaten der Theologen suchen zu sollen.

Allerdings zertrümmerte die Aufklärung gemeinsam mit dem Glauben an einen Schöpfergott und an die Prädestination* auch jede Gewissheit in Bezug auf die wichtigsten Fragen der menschlichen Existenz – woher kommen wir? wer sind wir? wohin gehen wir? Von nun an musste jeder Mensch diese Fragen ganz individuell für sich beantworten.

Historisch folgte dieser geistigen Umwälzung der Aufklärung kurz vor der Wende zum 19. Jahrhundert die Französische Revolution und in ihrer Folge die Suche nach neuen Staats- und Regierungsformen jenseits des

* Mit einem Stern gekennzeichnete Begriffe werde im Glossar, S. 109f, erklärt.

Gottesgnadentums, deren neuartiges, umstürzlerisches Kennzeichen es sein sollte, dass in ihnen alle Menschen gleichberechtigt wären. Dieses Ringen wird das 19. Jahrhundert in entscheidender Weise prägen.

Darüber hinaus ist das 19. Jahrhundert die Zeit der immer schneller fortschreitenden Industrialisierung, die die Menschen vom Land in die Städte zog und sie zugleich dem Arbeitsprozess entfremdete. Großstädte entstanden als ein neues Phänomen: Paris, London, später Berlin. Neue, gesellschaftliche Aufgaben waren zu bewältigen, die bei der Schaffung von Wohnraum begannen und bis zu Ernährung, Hygiene und medizinischer Versorgung reichten. Schließlich betrafen sie auch jenes sich im frühen 20. Jahrhundert als verhängnisvoll erweisende Vakuum, das durch das Schwinden der Religion und damit zusammenhängend der Institution der Kirche entstanden war.

Konsequenzen für die Kunst

Gerade diese Institution, die Kirche, war es jedoch gewesen, in deren Auftrag Künstler in dem Jahrtausend seit der Herrschaft der Karolinger weit überwiegend gearbeitet hatten. Die Kirche und die Herrscher, die im Zuge der Französischen Revolution entmachtet wurden, seit dem 15. Jahrhundert auch reich gewordene Bürger, die höfische Repräsentationsformen für sich einzusetzen versuchten, waren die Auftraggeber für die Künstler gewesen, welche sie nicht selten über Jahre oder sogar Jahrzehnte hinweg gebunden und damit ihre Existenz gesichert hatten. Die Kunst hatte den Auftraggebern Möglichkeiten der Selbstdarstellung und der Jenseitsvorsorge geboten und diese hatten sie in ihrem Sinn eingesetzt. Als Gegenleistung hatten sich die Künstler, die für sie arbeiteten, einer verhältnismäßig soliden Existenz erfreuen können. Der Auftrag für ein größeres Gemälde oder gar einen Altar mit mehreren Tafeln sicherte den Lebensunterhalt des Malers, seiner Familie und seiner Werkstatt nicht selten über Jahre hinweg.

Mit den gesellschaftlichen Umwälzungen im Zuge von Aufklärung und Französischer Revolution, vor allem durch das Zurückdrängen des Einflusses der Kirche und der Höfe, veränderte sich die Situation der Kunst und damit notwendigerweise auch der Künstler. Zuvor hatte die Kunst im weitesten Sinn im Dienst von Predigt und religiöser Kontemplation gestanden oder mit Hilfe mythologischer Themen an überzeitliche Werte erinnert und Persönlichkeiten, die sich diesem Kanon in besonderer Weise verpflichtet fühlten (oder zumindest diesen Eindruck erwecken wollten), gefeiert. Von nun an waren es nicht mehr die religiösen und politischen Instanzen, die über Kunstwürdigkeit und Kunstwert entschieden, sondern die Künstler selbst. Kein Wunder, dass ein Bild wie Gustave Courbets *Die Steineklopfer* (entstanden 1849; 1945 verbrannt; *Abb. 2*) beim Publikum Anstoß erregte. Schon die Wahl des Motivs musste angesichts dessen, was die Ausstellungsbesucher gewohnt waren, irritierend wirken: Ein Straßenarbeiter – heute würden wir sagen: ein Bauarbeiter – war in ihrem Verständnis weder heroisch noch in anderer Weise beispielhaft; es war daher nicht nachvollziehbar, warum er zum Thema eines Kunstwerks gemacht werden sollte. Dass Courbet aus seiner persönlichen, von sozialen Interessen geprägten Überzeugung heraus mit seiner Kunst etwas *anderes* erreichen wollte, als exemplarisch Helden im Schlachtgetümmel zu feiern, blieb für das Publikum unverständlich.

Eben hieran wird allerdings deutlich, dass die Künstler in der neuen Gesellschaft des 19. Jahrhunderts in einem existentiellen Dilemma steckten:

- entweder schufen sie Kunstwerke, die vornehmlich ihre eigenen, nicht selten sozialen oder gar kunstimmanenten Ziele* verfolgten, für den gewöhnlichen Betrachter aber kaum nachvollziehbar waren, weil sie die gewohnten Pfade der Kunstgeschichte und der Kunstrezeption verließen;
- oder sie orientierten sich an den Erfordernissen und Wünschen des Markts, schauten dem Publikum auf den Mund und – überlebten, wurden gelegentlich sogar berühmt und reich, auch wenn sie im Gegenzug von der Kunst-Geschichtsschreibung nicht mehr als ‚echte Künstler' anerkannt wurden (*siehe unten: Émile Zola*).

Vor dem Beginn des 19. Jahrhunderts und damit vor der Moderne hatten die Künstler also gewissermaßen in festen Arbeitsverhältnissen zu ihren Auftraggebern gestanden. Es ist nur logisch, dass diese nicht selten massiven Einfluss auf die künstlerische Arbeit nahmen; im Zweifelsfall lehnten sie ein Werk, das ihnen nicht gefiel, ab und der Maler musste die Arbeit ein zweites Mal ausführen, selbstverständlich ohne zusätzliche Vergütung. Mit dem Entstehen eines Kunstmarkts seit der Zeit um 1800 fielen die Künstler aus dieser Abhängigkeit heraus und betraten eine Bühne, auf der sie ganz auf sich gestellt waren. Nun schufen sie nicht mehr im Auftrag und zu einem vorher festgelegten Preis. Stattdessen malten, gravierten, bildhauerten, schrieben oder komponierten sie nun ohne Vorgaben, ohne die Gängelung eines Auftraggebers – allerdings auch ohne die Gewissheit, für ihre Leistung am Ende bezahlt zu werden.

Wer seine Bilder verkaufen, von seiner Kunst leben und Frau und Kinder ernähren können wollte, war von nun an gut beraten, sich am Publikumsgeschmack zu orientieren und sich keine Extravaganzen zu leisten. Andernfalls riskierte er, dass seine Bilder – zumindest zu seinen Lebzeiten – unverkäuflich blieben, wie es nicht nur Vincent van Gogh (1853–1890) und Paul Gauguin (1848–1903) erging, die bekanntlich beide kaum genug Geld verdienten, um buchstäblich satt zu werden.

Die andere Seite der Freiheit

Häufig wird in einschlägigen Darstellungen die Freiheit gefeiert, in die die Künstler mit der Entstehung eines Kunstmarkts entlassen wurden. Aus heutiger Sicht war dies tatsächlich ein Segen für die Kunst: Von nun an konnten die Künstler vordergründig allein ihrem eigenen Antrieb folgen und in Bezug auf künstlerische Motive, Techniken und Stil frei schalten und walten. Nur so sind Künstler wie Gustave Courbet (1819–1877) und Paul Cézanne (1839–1906) und neue Stilrichtungen wie der Impressionismus, der Expressionismus, der Futurismus oder gar die Bewegung ‚Dada' zu erklären, die allesamt anfänglich auf Unverständnis des Publikums stießen und in den entsprechenden, publikumswirksamen Ausstellungen lautstark verhöhnt und verspottet wurden.

Doch war eben dies die janusköpfige *andere* Seite der Medaille: Der Freiheit der Künstler steht das Unverständnis und demzufolge die Ablehnung des Publikums gegenüber. Wie hätte es auch anders sein können:

> „Niemand *leitet* die Menge und was soll sie im lauten Getöse der derzeitigen Meinungen anfangen?",

schrieb Émile Zola (1840–1902) in einer seiner mutigen Kunstkritiken in dieser Zeit des kulturellen Umbruchs.[2]

Dabei beobachtete er einerseits jene Künstler, die sich dem Publikumsgeschmack anpassten:

> „Jeder Künstler hat die Menge an sich gezogen, indem er ihr schmeichelt, indem er ihr die mit rosa Seidenbändchen geschmückten Spielzeuge schenkt, die sie mag. Auf diese Weise ist die Kunst bei uns zu einer riesigen Konditorei geworden, in der es Bonbons für jeden Geschmack gibt."

Diese Künstler, fährt Zola fort, hätten sich zu „armselige[n] Dekorateure[n]" erniedrigt, die Tapeten für die Wohnungen der Bourgeoisie bemalten und sich kurzlebiger, oberflächlicher Beliebtheit erfreuten.

> „Und diese beschämende Geschäftemacherei, diese wertlosen Schmeicheleien und Bewunderungen finden im Namen der sogenannten heiligen Gesetze der Kunst statt."

Dem stehen im Verständnis Zolas jene Künstler gegenüber, die sich gerade nicht dem ignoranten Unverständnis des lachenden Publikums beugten und es stattdessen riskierten, dass ihre Bilder im offiziellen *Salon** nicht gezeigt, nicht von der Jury ausgezeichnet und entsprechend nicht verkauft wurden. Für den Zeitgenossen Zola steckte darin schon die „ewig gleiche Geschichte der [erst] verhöhnten und dann fanatisch bewunderten Talente", die er bereits von Eugène Delacroix (1798–1863) und Gustave Courbet kannte und in dem Schicksal Édouard Manets (1832–1883) wiedererkannte. Feinsinnig stellte er fest:

> „Er [Manet] befindet sich an dem Punkt, wo die Lachstürme sich allmählich legen, wo das Publikum Seitenstechen hat und nichts lieber möchte, als wieder ernst zu werden."

Das Neue, das ‚Moderne' dieser Kunst liegt in ihrer Unabhängigkeit von den Erwartungen eines Auftraggebers oder eines Publikums, dessen Kunstgeschmack und -verständnis auf die Vorgaben staatlicher Akademien zurückgehen und in diesen ein verlässliches Koordinatensystem zur Beurteilung von Kunst zu finden meinte. *Irritation* als künstlerisches Mittel, die Anregung von Reflexion gerade durch die *Nicht*-Erfüllung von Erwartungen und Gewohnheiten war diesem Publikum noch vollkommen fremd.

Kennzeichen der Kunst der Moderne

Interessanterweise findet die Kunst seit dem späten 18. Jahrhundert recht schnell zur Modernität. Schon bei dem spanischen Maler und Radierer Francisco José de Goya y Lycientes (1746–1828), kurz: Goya, bricht sie sich eine Bahn, als er 1808–1814 in den Druckgraphiken der *Desastres de la Guerra* („Schrecken des Kriegs“) nach einer adäquaten Umsetzung dieser Schrecken in der Kunst suchte. – Hier trifft er sich im Übrigen mit Franz Marc, der im September 1914, während er selbst als Soldat im Krieg war, in einem Brief an seine Frau Maria schrieb:

> „Es ist unglaublich, daß es Zeiten gab, in denen man den Krieg darstellte durch Malen von Lagerfeuern, brennenden Dörfern, jagenden Reitern, stürzenden Pferden od. Patrouillenreitern u. dergl. Dieser Gedanke erscheint mir direkt komisch, selbst wenn ich an Delacroix denke, der’s doch noch am besten gekonnt hat.“[3]

Vor eben diesem Hintergrund machte sich auch Goya auf, nach künstlerischen Mitteln für die Darstellung von Krieg zu suchen. Krieg ist grausam und hässlich. Es entspricht ihm daher in keiner Weise, ihn *schön* darzustellen, mit Soldaten in sauberen Uniformen, in malerischen Formationen durch ausnahmslos von der Sonne beschienene, pittoreske Landschaften reitend oder marschierend, unter den wachsamen Augen ihres weisen und gütigen Feldherrn.

Solche Darstellungen kennen wir von vielen Malern noch des 19. Jahrhunderts, unter ihnen Ernest Meissonier (1815–1891), der berühmteste, französische Maler dieses Jahrhunderts[4], und Wilhelm von Kobell (1766–1855), seit 1792 Hofmaler in München. Kobell schuf im Auftrag des bayerischen Kronprinzen Ludwig, dem späteren König Ludwig I. von Bayern (1786–1868), zwölf großformatige Darstellungen der Kämpfe während der napoleonischen Kriege.

Gerade *Die Belagerung von Cosel* (*Abb. 4*) ist für die klassische Art der Schlachtendarstellungen kennzeichnend: Der eigentliche, verlustreiche Kampf der bayerischen und württembergischen gegen die preußischen Truppen geschieht in jenem Bereich des Bilds, der weit vom Betrachter entfernt und zudem im Schatten liegt, so dass keine Einzelheiten des Kampfgeschehens erkennbar sind. Die morgendliche, flach stehende Sonne wie die Anordnung auf einer Anhöhe im Bildvordergrund inszeniert stattdessen den Stab der bayerischen Armee, der fern der Schlacht, malerisch drapiert und wohlgeordnet im Gestus von Spazierreitern das Geschehen aus der Ferne überblickt. Der Betrachter ist noch ein wenig weiter entfernt, sieht aus der Distanz selbst auf die Gruppe der Reiter hinab, gottähnlich und bestens positioniert für den Genuss des frühmorgendlichen Spektakels.

Goya dagegen wählte für die Darstellung des Kriegs ganz andere künstlerische Mittel (*Abb. 5*). Das beginnt bei der Technik, der Radierung, die nur wenige Nuancierungen zulässt und bei der – beinahe schmerzlich – jeder einzelne, in die Platte geritzte Strich sichtbar wird. Darüber hinaus wählt Goya andere Motive: nicht den heroischen Feldherrn im warmen Licht der Morgensonne, sondern die verstümmelten Körper von Soldaten und vor allem Zivilisten, die von den siegreichen Soldaten auf grausamste Weise abgeschlachtet und geplündert werden. Bildausschnitt, Komposition, Lichtführung – Krieg wird hier nicht etwa romantisiert und idealisiert, stattdessen lenken die künstlerischen Mittel den Blick des Betrachters auf das Thema der *Grausamkeit* des Kriegs.

Was Goya ganz anders macht als Kobell und warum seine graphische Serie im Gegensatz zu den großen Ölbildern als ‚modern' bezeichnet werden kann, ist, dass er sich statt um eine idealisierende um eine *authentische* Darstellung bemüht bis hin zum bewussten Verstoß gegen akademische Regeln der Kunst. Goya selbst hat die Grausamkeit des Kriegs erlebt und versucht, diesem *subjektiven* und *individuellen* Erleben in seinen Bildern einen angemessenen Ausdruck zu verleihen.

Was dabei herauskommt, ist keine dokumentarische Widergabe des Schlachtengeschehens – das ist auch nicht die Aufgabe von Kunst, weder in der Moderne noch in früheren Zeiten. Selbst der Titel von Goyas Blatt – *Esto es peor* („Dies ist schlimmer") – geht über eine erläuternde, damit objektivierende Beschreibung des Bildmotivs hinaus, fügt dem Bild stattdessen eine zusätzliche, weiterführende Bedeutung an. Dabei werden Fragen bewusst angeregt, ohne beantwortet zu werden: *Was* ist schlimmer? Schlimmer *als was*? Der Betrachter kann nur mutmaßen, dass Goya die auf die Schlacht folgenden Gräueltaten an den wehrlosen Zivilisten meint, die im Empfinden des Malers noch schlimmer sind als die Schlacht selbst.

Das Bild bleibt also *offen*, dient nicht mehr als abschließende Deutung von Wirklichkeit, sondern als Ausgangspunkt für Assoziationen, für die Imagination des Betrachters, der nicht länger der mehr oder weniger passive Empfänger von genau vorformulierten Botschaften ist, sondern der mobilisiert wird, aufgefordert, selbst nach Bedeutung, einer Bedeutung für sich selbst zu suchen. Ein modernes Bild ist, so könnte man daraus ableiten, kein in sich abgeschlossenes Vehikel mehr, kein Medium zur Übermittlung von Informationen oder klar definierten Appellen. Ein modernes Kunstwerk ist vielmehr Ausgangspunkt eines Prozesses, der durch die Kunst angestoßen wird und sich im Betrachter fortsetzt. Es ist nicht viel mehr als eine *Spur*, die sich lesen lässt, Rückschlüsse erlaubt, jedoch niemals eindeutig ist. Eine Spur aktiviert die Sinne des Ahnens, Fühlens, Schmeckens: Tatsächlich scheint das „Wittern und Spüren“, von dem Gottfried Boehm gelegentlich spricht[5], genau jenen komplexen Vorgang des diffusen Erkennens und Erahnens zu beschreiben, der nicht nur Kognition, sondern auch Sensation und Suggestion mit einbezieht und der konstitutiv ist für den Umgang des Betrachters mit der Kunst der Moderne.

Was macht moderne Kunst zu moderner Kunst?

Welche Merkmale also weist moderne Kunst auf, die sich so sehr von denjenigen vor-moderner Kunst unterscheiden, dass man von einer Epochenschwelle sprechen kann?

Eines soll an dieser Stelle eigens betont werden: Der Begriff ‚Moderne‘, wie wir ihn hier verwenden, meint nicht in erster Linie eine *Zeitspanne*, die mehr oder weniger genau einzugrenzen wäre. ‚Modern‘ meint vielmehr eine *Eigenschaft*, vielmehr: ein *Konglomerat von Eigenschaften*, das Kunst auszeichnen kann. Entsprechend ist nicht jede Kunst im 19. Jahrhundert in diesem Sinn ‚modern‘. Die Spätwerke Meissoniers (1815–1891) und Franz Xaver

Winterhalters (1805–1873)[6] beispielsweise, zweier von der zeitgenössischen Kritik als ‚führende' Maler des fortgeschrittenen 19. Jahrhunderts gefeierte Künstler, sind definitiv nicht ‚modern'. Ihnen fehlen, obwohl sie zeitgleich mit Courbet, Cézanne, Manet und anderen arbeiteten, die charakteristischen Besonderheiten moderner Kunst. Dagegen gibt es auch aus früheren Epochen Werke oder Künstler, die wegen ihrer Eigenschaften durchaus als ‚modern' gelten können. So erlebte der bis dahin vergessene spanische Maler El Greco (1541–1614) gerade aus diesem Grund kurz nach 1900 eine Renaissance, die bis heute andauert.

Innerhalb der Kunstwissenschaft ist man sich seit längerer Zeit weitgehend einig, dass sich moderne Kunst im Allgemeinen auszeichnet durch folgende Merkmale:

Subjektivität

Nach dem Zusammenbrechen des verbindlichen, christlichen Weltbilds im Zuge der Aufklärung ist der Mensch auf sich selbst gestellt, wenn es darum geht, die wichtigen Fragen des Lebens zu beantworten. Wer sich seines eigenen Verstands bedient, wie Kant es gefordert hatte, für den gibt es keine objektiven Antworten mehr.

Entsprechend ist der moderne Künstler nicht mehr Prophet einer höheren Macht, beauftragt von deren irdischen Vertretern. Stattdessen ist seine Stimme eine Stimme unter vielen, vielleicht eine besonders sensible, aber doch ohne den traditionellen Anspruch auf letztgültige Wahrheit. Sie ist ebenso subjektiv, wie jede andere Stimme. Infolgedessen verwendet der moderne Künstler Gegenstände oder Motive, wie beispielsweise die Landschaft, nur noch als Ausdruck seiner persönlichen Überzeugungen und seines individuellen Gefühls. – In der Geschichte der Kunst ist dies wahrhaftig ein Neubeginn, der die ‚Epochenschwelle' von der Neuzeit zur Moderne rechtfertigt.

Originalität

Der moderne Künstler schafft außerdem seine nun subjektiven Werke, möglichst ohne auf unmittelbare Vorbilder und Traditionen zurückzugreifen. Auch diese Eigenschaft ist neu innerhalb der abendländischen Geistesgeschichte, in der die Rechtfertigung des Neuen gewöhnlich durch den Rückgriff auf Vorbilder aus der Vergangenheit geschah.

Der Referenz auf die Tradition in der Zeit vor dem Beginn der Moderne steht nun die Einbildungskraft, die eigenständige Erfindung des Künstlers gegenüber. Charles Baudelaire (1821–1867) setzte der „industriebürgerlichen Dumpfheit", welche Kunst weitgehend nach handwerklichen Kriterien, nach der Vollkommenheit der *Mimesis** beurteilt hatte, ausdrücklich die Phantasie als „schöpferisches *Gegengewicht* zur Realität" entgegen.[7]

Der Bedeutung der Originalität für die Kunst der Moderne ist es hauptsächlich zu verdanken, dass die Epoche keinen verbindlichen Stil mehr kennt. Selbst Künstlervereinigungen wie der *Blaue Reiter* oder *Die Brücke* werden nicht mehr durch eine einheitliche Formensprache gekennzeichnet. Stattdessen muss jeder Künstler ihm eigene, künstlerische Formen finden und auf diese Weise seinen eigenen, persönlichen Stil entwickeln.

Individualität

Es ist nicht allein die *Tradition* als Inspirationsquelle, auf die der moderne Künstler verzichtet. Er verzichtet ebenso auf die allzu enge Anlehnung an das Schaffen seiner *gleichzeitig* arbeitenden Kollegen. Was einst gang und gäbe war, gilt von nun an als schöpferische Schwäche. Schließlich sei, so schreibt Baudelaire, in der Dichtung und der Kunst

> „jede Blüte spontan, individuell […].“ Der Künstler „ist nur sich selbst verantwortlich. Er stirbt kinderlos. Er ist *sein eigener König, sein Priester und sein Gott.*“[8]

Der Künstler kann sich folglich nur auf sich selbst berufen, darf nur sich selbst vertrauen, muss sich, obwohl ein aufmerksamer, sensibler und vorausahnender Beobachter seiner Zeit, gegen andere, künstlerische Einflüsse geradezu abschotten. Sie wären seinem eigenen Ausdruck fremd, würden ihn der Originalität und der Individualität berauben, die der Wahrhaftigkeit entspringt.

Authentizität

Der moderne Künstler wird von Baudelaire als Beobachter beschrieben, der das, was um ihn her geschieht, in künstlerische Formen bringt.

> „Es geht für ihn darum, dem Vorübergehenden das Bleibende zu entnehmen, aus der Mode das ans Licht zu fördern, was sie an Poetischem innerhalb des Historischen enthalten kann.“[9]

Die künstlerischen Mittel, die dieser Beobachter wählt, müssen dem Wesen, der ‚Substanz‘ der Dinge entsprechen, dürfen dagegen nicht zu sehr der äußeren Erscheinung verpflichtet sein. Der englische Maler und Kunstkritiker John Ruskin (1819–1900) setzt in diesem Zusammenhang – und das ist wirklich ein revolutionärer Akt – die alten, an akademischen Regeln orientierten Maßstäbe zur Beurteilung von Kunst außer Kraft und verpflichtet den Künstler von nun an darauf, mit Hilfe seiner Erfindungs- und Einbildungskraft jene künstlerischen Formen zu finden, die die erwähnte Substanz der Dinge am besten zu verdeutlichen in der Lage sind, unabhängig davon, ob der Maler dafür die Formen (und die Farben), die er der Natur entnimmt, verändern muss. Die spezifische Begabung des modernen Malers liegt für Ruskin gerade in der Auflösung und Neuordnung der äußerlich sichtbaren Formen. – Übrigens bezieht sich Ruskin bei seinen Beobachtungen häufig auf den englischen Maler William Turner (1775–1851), der gemeinhin zu den Romantikern gezählt wird, mit seinen Hauptwerken *de facto* aus dem Stil-Raster aber herausfällt, wodurch er, lange vor Cézanne, van Gogh und Gauguin, zu einem der wirklichen ‚Väter der Moderne' wird.

Offenheit

Neben Subjektivität, Originalität, Individualität und Authentizität tritt als fünftes Kennzeichen moderner Kunst die Offenheit.

Es hängt mit der nunmehr fehlenden, Objektivität beanspruchenden Weltdeutung zusammen, dass moderne Kunst offen ist für jeweils eigene Deutungen des Betrachters. Moderne Kunstwerke sind nicht mehr *Medien* zur Übermittlung genau festgelegter Botschaften, sondern Bühne oder Leerstelle, die der Betrachter mit seinen eigenen Assoziationen und seiner eigenen Deutung füllen muss. Angesichts eines modernen Kunstwerks ist der Betrachter nicht mehr nur passiver Rezipient, sondern aktiver Teilnehmer oder sogar ‚Betroffener', wie Max Imdahl ihn gelegentlich nannte.[10]

Das lässt sich schon bei Caspar David Friedrich (1774–1840; *Abb. 6*) beobachten, dessen häufig verwendete, religiöse Motive – allen voran das Kreuz – so sehr der individuellen Deutung freigegeben werden, dass es sich der Wissenschaftler bewusst „versagen“ muss, „den mit der Mehrsinnigkeit der Zeichen operierenden Kunstverstand auf einen ein-sinnigen Bedeutungscode einzuengen“, wie es Werner Hofmann formulierte. Stattdessen sei der Betrachter ausdrücklich „ermächtigt“, aus der Mehrdeutigkeit der Bilder „zu wählen“. Immerhin habe Friedrich „das vielleicht größte Verdienst des Künstlers“ darin gesehen, „‚geistig anzuregen und in dem Beschauer Gedanken, Gefühle und Empfindungen zu erwecken, und wären sie auch nicht die seinen‘.“[11]

Goethe, dem diese Offenheit bekanntermaßen suspekt war, hat „wider Willen“ gerade diesen Aspekt der Modernität der Bilder Friedrichs erfasst, als er – wie immer unnachahmlich – äußerte:

> „Die Bilder von Maler Friedrich können ebensogut auf den [*sic*] Kopf gesehen werden.“[12]

Wo Werke, die den Anspruch erheben, ‚Kunst‘ zu sein, diese Merkmale – Subjektivität, Originalität, Individualität, Authentizität und Offenheit – nicht aufweisen, sind sie nicht *modern*, und seien sie im 19. oder gar im 20. Jahrhundert entstanden. Es mag dahingestellt bleiben, ob sie *Kunst* sind.

FRANZ MARCS „TIGER"

I

Franz Marcs Bild mit dem Titel *Tiger* (*Abb. 1, Frontispiz*) kann als Paradebeispiel für den Aspekt der Offenheit eines modernen Kunstwerks dienen; selbstverständlich auch für Subjektivität, Originalität, Individualität und Authentizität, ganz besonders aber für Offenheit. Denn bis heute verweigert sich das Bild hartnäckig einer eindeutigen Lesart: es lässt sich, ganz im Sinn Werner Hofmanns, in seiner Mehrsinnigkeit der Zeichen einfach nicht ‚auf den Punkt' bringen, jedenfalls nicht auf *einen* Punkt. Tatsächlich brächte dieser Punkt eine Einengung der Deutungsmöglichkeiten mit sich, die nicht nur schade wäre, sondern gänzlich unzulässig angesichts des oben geschilderten Verständnisses von moderner Kunst.

Das Bild hängt heute in der Städtischen Galerie im Lenbachhaus in München. An seiner Seite steht die Bronzeskulptur eines Panthers, die Marc 1908 modelliert hat.

Beschreibung 1

Eine Raubkatze. Der Kopf mit der gedrungenen, abgeflachten Nase, die gelben Augen, der stechende, wachsame Blick, die hochstehenden, weit hinten sitzenden, spitzen Ohren – all das lässt keinen Zweifel zu.

Das Tier, das die fast quadratische Leinwand nahezu vollständig ausfüllt, liegt versteckt im Dunkel eines Dickichts, mag durch ein Geräusch aufgestört worden sein oder eine Witterung in die Nase bekommen haben. Es hat den Kopf gehoben und späht gebannt in eine Richtung links vom Betrachter. Der Blick wirkt konzentriert, wegen der geweiteten Pupillen sogar bedrohlich.

Aber er trifft den Betrachter nicht, sondern geht an ihm vorbei. Überhaupt hat es den Anschein, als würde der Betrachter unberechtigterweise in das Versteck des Raubtiers eindringen; er sieht durch das vorn angedeutete Gebüsch in den verborgenen Schlupfwinkel hinein.

Der Titel des Bilds suggeriert, dass es sich bei dem Tier um einen Tiger handelt. Außerdem erfährt der Besucher durch die Bildunterschrift, dass das Bild 1912 entstanden ist. Tatsächlich muss dies schon im Frühjahr des Jahrs geschehen sein, denn vom 25. Mai an war das Bild in der Ausstellung des *Sonderbunds westdeutscher Kunstfreunde und Künstler* in Köln zu sehen. Im Katalog war es mit dem Titel „Tiger" unter Nr. 450 aufgeführt wie auch sein Besitzer, der Berliner Industrielle und Kunstsammler Bernhard Koehler sen. (1849–1927), der das Bild schon vor dem Ausstellungsbeginn in Berlin hatte.

Es ist interessant, dass sich so kurz nach der Entstehung des Bilds bereits jener Titel findet, der bis heute gebräuchlich ist, denn einem unvoreingenommenen Blick scheint es eigentlich kein Tiger zu sein, der hier gezeigt wird. Es fehlen nicht nur die charakteristischen Streifen, auch der längliche Körperbau und die katzenartige Kopfform passen eher zu einem Panther oder Leoparden als zu einem viel massigeren, schwereren und größeren Tiger. Auch der bronzene *Panther*, der im Lenbachhaus direkt neben dem Gemälde steht, lässt daran eigentlich keinen Zweifel.

Der Titel „Tiger" scheint vor allem der Farbe geschuldet zu sein, die Marc für den Körper des Raubtiers gewählt hat. Vielleicht hat sie den Autor des Sonderbund-Ausstellungs-Katalogs dazu veranlasst, nach einem (flüchtigen) Blick auf das Bild diesen Titel zu wählen. – Im Folgenden wird er möglichst vermieden werden, da seine Authentizität fraglich erscheint.

Der erste Blick

Die Beschreibung des Bilds, wie wir sie bis hierhin vorgenommen haben, entspricht in etwa der spontanen Reaktion, wenn wir zum ersten Mal vor das Kunstwerk treten. Unsere Sehgewohnheiten veranlassen uns, umgehend Identifizierungen vorzunehmen, gegenständliche Entsprechungen aus der so genannten Realität zu finden zu dem, was wir auf der Leinwand sehen. In Windeseile gleichen wir das Gesehene mit unseren Erfahrungen der Wirklichkeit ab und machen dabei zunächst keinen Unterschied zwischen einem Gemälde, das ein Raubtier auf künstlerische Weise *darstellt*, einer Dokumentar-Fotographie, auf der eine echte Raubkatze zu sehen ist, oder gar einem lebendigen Tier, das wir im Zoo in einem Käfig in seiner ganzen körperlichen Präsenz bewundern. Wir sagen: „das *ist* ein Tiger", ob es sich um ein abstraktes oder wirklichkeitsgetreues *Bild* oder ein reales, lebendes *Tier* handelt.

Während wir dies tun, nehmen wir allerdings Setzungen vor, die keineswegs zwangsläufig sind und die uns sowohl bei unserer Betrachtung, als auch bei unserer Deutung leiten und zugleich einschränken werden. Die Identifizierung des von Marc dargestellten Tiers als „Tiger" macht dies unmittelbar deutlich, was umso weitreichendere Konsequenzen hat, als wir gewöhnlich Bildtiteln unkritisch gegenüberstehen.

Aber der unkritische Umgang geht noch weiter: Sobald wir die Bezeichnung „Tiger" hören, haben wir Gemeinplätze über das reale Tier im Kopf, von denen wir annehmen, dass sie zwangsläufig auch mit der von Franz Marc gemalten Darstellung des Tiers zu tun haben werden. Folgerichtig übertragen wir sie auf das Bild, ohne zu überprüfen, ob sie zutreffen oder nicht. So muss ein

Tiger majestätisch und erhaben sein, aber auch grausam. Ganz selbstverständlich verweisen die spitzen Formen der Umgebung auf die „spitze[n] Reißzähne und dolchartige[n] Krallen, mit denen der Tiger sein Opfer in blitzschnellem Zugriff töten und zermalmen kann“. Nicht weniger selbstverständlich ist es der Betrachter, den der Tiger mit der „fixierende[n] Kraft“ seiner „schwefelgelben Augen“ „bann[t]“,[13] und geradezu zwangsläufig setzt ein Tiger zum Sprung an – und so soll es auch dieser tun.[14] Alles dies ist in der Literatur zum Bild zu lesen, und man fragt sich, ob dort mehr als nur ein flüchtiger Blick auf das Bild geworfen worden ist, bevor Fantasie, Vorwissen und Erwartung den Betrachter hat sehen lassen, was er mit seinem Verständnis eines Tigers verbindet, ob es auf dem Bild tatsächlich zu sehen ist oder nicht.

Dabei ließe eine erste, auf die reine Gegenständlichkeit beschränkte Beschreibung, wenn sie sich von Allgemeinplätzen über den Tiger freimacht, auch andere Beobachtungen zu. So lenkt die Frage nach der Sprungbereitschaft der Raubkatze den Blick auf ihre Körperhaltung. Der schlanke Körper liegt fast vollständig auf der Erde, die Vorderläufe sind zumindest im Bereich der Oberarmknochen aufgestellt und der Kopf ist nur wenig vom Boden erhoben, zwischen die Schultern gesenkt. Das Tier scheint also eher im Liegen aufzuschrecken oder aufzumerken, als dass es sitzen oder gar zum Sprung ansetzen würde. Nun wittert, sieht und lauscht es, alle Sinne sind angespannt, und der verdüsterte Blick lässt offen, ob es potentielle Beute annimmt, eine Gefahr aufzufassen oder schlicht die Folgen der Störung zu erkennen versucht. Denn auch das kann im Blick des Tiers liegen, wenn man nicht unbedingt darauf beharren will, dass ein Tiger grundsätzlich niemals Angst hat und immer majestätisch und angriffslustig wirkt.

Es ist nicht in erster Linie Aggressivität, die aus Körperhaltung und Blick des Raubtiers spricht, sondern viel eher gespannte Aufmerksamkeit. Es liegt darin sowohl die Bereitschaft zum Angriff wie die zur Verteidigung oder gar zur Flucht, sobald eine Gefahr als unüberwindlich erkannt worden ist. Aber dieser Moment ist hier nicht gezeigt; stattdessen hat sich Marc ganz offensichtlich auf den Augenblick *vor* einer Entscheidung konzentriert, in dem noch alles möglich ist. Was wir hier sehen, ist Aufmerksamkeit, Konzentration, Energie *in Potenz*, noch im Stadium des Ruhens.

Umgebung

Die Umgebung in diese erste, auf das Gegenständliche fokussierende Beschreibung einzubeziehen, ist schwierig. Allenfalls wäre die spitze Form, die sich vom unteren Bildrand auf die Bildmitte hin ausrichtet, als ein leicht gerolltes Blatt zu erkennen, doch lassen die übrigen Formen eine solche, gegenständliche Identifizierung nicht zu. Die Farbe Grün regt dazu an, an Natur, vielleicht einen Wald, zu denken, aber die Farben Rot, Blau, Violett und Weiß passen kaum in diese Vorstellung hinein.

Und so stellt sich der Verdacht ein, dass diese erste Betrachtung allzu sehr an der Oberfläche hängen geblieben ist; dass sie zwar, wenn sie sich von Floskeln löst, dem Tier näher kommt, aber trotzdem allzu viele Fragen offen bleiben, die eine eingehendere Beschäftigung mit dem Bild, mindestens eine zweite Betrachtung und Beschreibung erforderlich machen. Darüber hinaus erscheint es sinnvoll, durch einen Blick auf die Persönlichkeit des Künstlers die offenen Fragen in einen biographischen Kontext zu stellen, der vielleicht bei ihrer Beantwortung helfen, zumindest in eine Richtung weisen kann, in der weiterzusuchen wäre.

Wer also war Franz Marc und was tat und erlebte er, bevor er die Arbeit an diesem Bild begann? Was könnte ihn bewogen haben, gerade dieses Motiv zu wählen und diese Formen für seine Darstellung? Und hatte er eine konkrete Aussage im Sinn oder ist das Bild wirklich so gänzlich offen, dass sich jeder Betrachter sein eigenes Bild erschaffen muss? Stellt es die oben erwähnte Bühne oder Leerstelle dar oder gibt es nicht doch Hinweise auf bestimmte Deutungen, welche die Formen und die verwendeten künstlerischen Mittel auf subtile Weise anbieten wollen?

FRANZ MARC
MALER AM BEGINN DES 20. JAHRHUNDERTS

Franz Marc, geboren am 8. Februar 1880 in München, schwankte zunächst bei seiner Berufswahl zwischen Theologie, Philologie und Malerei. Zu einer geistlichen Laufbahn wurde er vor allem durch den Einfluss seiner Mutter, einer strenggläubigen Calvinistin, zur Kunst durch seinen Vater, Landschafts- und Genremaler der damaligen Münchener Schule, angeregt. Allerdings wurde er von letzterem offenbar eher in Bezug auf die Welt der künstlerischen *Ideen* geprägt – von seinem künstlerischen *Talent* scheint der Vater nicht viel gehalten zu haben.

Mit zwanzig Jahren und offenbar nach langen, inneren Kämpfen schrieb Marc sich im Mai 1900 an der *Königlichen Akademie der Bildenden Künste* in München ein. Dass zur gleichen Zeit auch Wassily Kandinsky dort eingeschrieben war, führte nicht dazu, dass sie sich kennenlernten. Offenbar bewegten sie sich innerhalb der Akademie in unterschiedlichen Kreisen, die kaum oder keine Berührungspunkte hatten. Marc studierte Zeichnen bei Gabriel von Hackl (1843–1919), durch den er unter anderem eine gründliche Ausbildung in Anatomie erhielt, und Malen bei Wilhelm von Diez (1839–1907), während Kandinsky, wie Paul Klee, der Malklasse Franz von Stucks (1863–1928) angehörte.

Nach eigenem Zeugnis lernte Marc viel unter der Obhut der beiden Vertreter der Münchner Malerschule, allerdings ging es hierbei eher um die handwerklichen Grundlagen der Malerei. Von dem, was zeitgleich in Paris und anderswo geschah, von Cézanne, Manet, Monet, van Gogh, Gauguin oder Edvard Munch, wusste man an der Königlichen Akademie offenbar nichts oder wollte es nicht wissen. Die Kunststadt München genügte sich selbst und focht ihre eigenen Kämpfe zwischen Konservativismus und Avantgarde aus. „Eine ganze Generation von europäisch orientierten Impressionisten hätte vergebens gearbeitet, wenn man ihren damaligen Einfluss auf die Münchner Kunstakademie bezöge", fasst Wilfried F. Schoeller diese ernüchternde Beobachtung zusammen.[15] Die jungen Künstler, die hier ausgebildet wurden, waren also darauf angewiesen, eigenverantwortlich auf Entdeckungstour zu gehen, wenn sie sehen wollten, was im eigentlichen Zentrum der Kunst-Welt jener Zeit, in Paris, geschah.

Trotzdem scheint es kein Akt der Auflehnung gewesen zu sein, als Marc im Mai 1903 gemeinsam mit seinem Studienkollegen Friedrich Lauer (1874–1935) zu einer mehrmonatigen Reise nach Frankreich aufbrach. Ob die beiden die Reise zu intensiven Studien genutzt haben, ist nicht sicher. Es sind nur sehr wenige Skizzen erhalten, die auf künstlerische Arbeit schließen lassen, von Aquarellen oder gar Ölbildern ist fast nichts bekannt. Eine besondere Bedeutung scheint allerdings der Kontakt mit japanischen Farbholzschnitten gehabt zu haben, von denen Marc genügend erwarb, um damit den Grundstock für eine Sammlung zu legen.

Immerhin lernte er den französischen Impressionismus kennen, sah Werke von Manet, Renoir, Monet, Pissarro und anderen. Spuren davon sind darin zu erkennen, dass Marc in der Folge beginnt, seine Palette zu verändern. War sie zuvor von der dunklen Tonigkeit der Münchner Schule geprägt, so werden die Farben nun heller.

Anfänge

In diesem ersten Kontakt mit der französischen Malerei, vor allem dem Impressionismus, sind bereits Anfänge der Hinwendung Marcs zu einem eigenständigen Kunstkonzept zu sehen. Bisher hatte sich seine Ausbildung auf das Erlernen der handwerklichen Grundlagen in der Prägung der Münchener Schule beschränkt. Mit der Kunstmetropole Paris lernte er die Freiheit kennen, die es dem Künstler erlaubt, eigenständig Ausdrucksmittel zu entwickeln und anzuwenden. Hier wird gewissermaßen der Samen zu dem gelegt, was Marc in den folgenden 13 Jahren, die ihm bis zu seinem frühen Tod im März 1916 blieben, entwickeln wird.

Vielleicht hat sich das bereits vor der Reise abgezeichnet. Marc scheint schon zu diesem Zeitpunkt vorgehabt zu haben, die Kunstakademie zu verlassen. Jedenfalls hat er sich nicht für das nächste Semester eingeschrieben, und nach der Rückkehr im September 1903 nahm er sein Studium nicht wieder auf.

Stattdessen bezog er Anfang 1904 sein erstes eigenes Atelier. Verlief seine Entwicklung bis zu diesem Zeitpunkt nicht eben geradlinig; zeichnete sich Marc bisher offenbar kaum durch systematische, künstlerische Tätigkeit aus, so beginnt nun die Zeit immer konzentrierterer Arbeit, die sich immer weiter steigern und bis zu seiner Einberufung im August 1914 nicht mehr aussetzen sollte.

Das schloss das Studium außereuropäischer Kulturen ebenso ein wie den Kontakt und die Korrespondenz mit immer zahlreicher werdenden Kollegen. Durch seine zeitweilige Lebensgefährtin Annette Simon lernte er die indischen Veden*, chinesische Lyrik und arabische Dichtung kennen, und zu seinen späteren Briefpartnern zählten neben Verwandten und Freund(inn)en Künstler, Verleger, Kunsthistoriker und Kunstsammler, unter ihnen August und Elisabeth Macke, Else Lasker-Schüler, die Verleger Reinhard Piper und Herwarth Walden, Wassily Kandinsky, Gabriele Münter, Paul Klee, Alfred Kubin, Robert Delaunay und viele andere. Im Oktober 1912 beschwerte sich August Macke halb scherzhaft bei Bernhard Koehler, Marc leide unter „konstanter Maleritis und Schreiberitis"; er sei „kolossal tätig" und könne, im Gegensatz zu ihm selbst, „gar nicht ruhig sitzen."[16]

Allerdings ist der später als ‚Einzelgänger' beschriebene Marc 1904 noch keineswegs in den Münchener Kunstbetrieb integriert. Seine „Neigung zur Verinnerlichung"[17], weniger verklärend: seine Anfälligkeit für Melancholie hatten ihn bereits auf der Akademie daran gehindert, Kontakte zu knüpfen, und bis zu einer denkwürdigen Begegnung am 6. Januar 1910 scheint sich daran nichts geändert zu haben.

Indessen heißt das nicht, dass Marc sich in diesen knapp sechs Jahren künstlerisch nicht entwickelt hätte. Zu der erwähnten, denkwürdigen Begegnung konnte es nur kommen, weil er bis zu diesem Zeitpunkt bereits so authentische Ausdrucksmittel entwickelt hatte, dass August Macke und sein Vetter Helmuth sowie Bernhard Koehler jun. bei einem Besuch der Galerie *Brakl* in München von einigen Lithographien Marcs so begeistert waren, dass sie spontan beschlossen, den ihnen bis dahin unbekannten Maler in seinem Atelier aufzusuchen.

Und so klopften sie, wie Marc noch am selben Tag seiner späteren Frau Maria Franck schrieb, an diesem 6. Januar 1910 an seine Tür,

> „drei sehr junge und ziemlich elegante Herren […], keine Spur von Bohème, – das Gegenteil, Tip-top", die „einen mehr als vermögenden Eindruck machten", selbst Maler seien – „u. Cézanne ist ihr Gott."[18]

Schon wenige Tage später besuchten Marc und Maria Franck die Mackes am Tegernsee, und damit ist der Grundstein zu einer langen, intensiven und äußerst produktiven Freundschaft zweier Künstler gelegt, die zu den bedeutendsten Künstlern ihrer Zeit avancieren sollten.

Worin diese künstlerische Entwicklung zwischen 1904 und 1909/10 unter anderem bestanden hat, wird gemeinhin unter die Bezeichnung „Franz Marc – der Tiermaler" gefasst. In manchen Schilderungen beginnt sie mit dem kleinen Bild *Der tote Spatz* von 1905. Auch in den darauf folgenden Bildern findet Marc noch nicht zu jener Farbigkeit, die sein Werk von 1910 an auszeichnen wird. Aber er findet offensichtlich zu sich selbst.

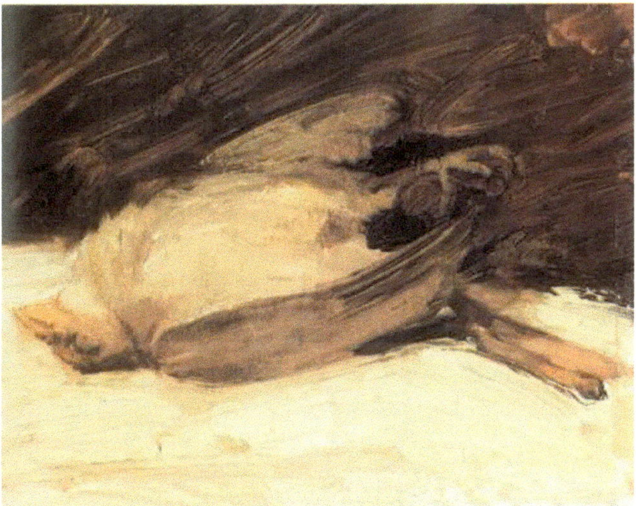

Franz Marc, Der tote Spatz, 1905; Privatsammlung

Ausschlaggebend dafür sind zwei Aspekte: Marcs Entdeckung der Natur als sein ureigenstes Sujet und die Entwicklung von immer mehr Ausdrucksmöglichkeiten in einer Kunst, die sich von jedem unmittelbaren Bezug zur gegenständlichen Wirklichkeit befreit.

Entdeckung der Natur

Marc hatte sich schon immer zur Natur hingezogen gefühlt. In der Natur schien er am meisten er selbst zu sein. Wassily Kandinsky beschrieb einmal, welche Freude es für ihn gewesen sei, Marc „mit seinem Rucksack auf dem Rücken, mit einem Stock in der Hand, durch Wiesen, Felder und Wälder marschieren zu sehen. Seine Natürlichkeit entsprach der Natur auf wunderbare Art, und es schien, die Natur freue sich über ihn.“[19]

Marc beginnt damit, immer häufiger in der Natur zu arbeiten. Mehrere Sommer verbringt er auf der Staffelalm in der Nähe des Kochelsees und/oder in Kochel am See, etwa 80 Kilometer südlich von München. Er genießt das Leben auf dem Land und besinnt sich auf sich selbst. Er studiert die Weidetiere, die ihn umgeben, sucht inzwischen auch sein persönliches Heil (und offenbar eine Flucht aus unübersichtlichen Lebensverhältnissen) in konzentrierter Arbeit. Bestärkt hat ihn darin der vier Jahre jüngere, schweizer Tiermaler Jean Bloé-Niestlé (1884–1942), den er 1905 kennenlernte und in dem er einen lebenslangen Freund fand. Marc war fasziniert von dessen Art der Malerei. Niestlé scheint es auch gewesen zu sein, der den Blick Marcs auf das Tier von der klassischen Sicht ‚von außen‘ auf das Tier als individuelles Subjekt, als psychologisches Geheimnis gelenkt hat.

Neue Ausdrucksmöglichkeiten

Die Entdeckung neuer Ausdrucksmöglichkeiten, die mit dieser Hinwendung zur Natur einhergeht, macht Marc im Gefolge zweier Anregungen, die er aus der intensiven Auseinandersetzung mit der Kunstproduktion seiner Zeit gewinnt, sowohl der Münchener wie der internationalen, vor allem der französischen.

Münchner Jugendstil

Zum einen trat er 1905 in Kontakt zu den Vertretern des Münchner Jugendstils, die sich im Sommer in Dachau trafen. Interessant war für Marc Adolf Hölzel (1853–1934), der den Mittelpunkt der Dachauer Malschule bildete, die *Münchner Secession* mitbegründet hatte und engen Kontakt auch zur *Wiener Secession* unterhielt. Hölzels Studien und Lehre umfassten Bildaufbau, Komposition, Flächen- und Raumaufteilung und nicht zuletzt eine von ihm selbst erarbeitete Farbenlehre, die, wie später auch Marcs Auseinandersetzung mit Farbtheorien, von der Farbenlehre Wilhelm von Bezolds (1837–1907) ausging.

Allerdings bemerkte Marc, dass er mit dem theoretischen Ansatz Hölzels letztlich nicht viel anfangen konnte. In einem Brief berichtete er, er habe gemeinsam mit Hölzel und einigen Mitgliedern der *Dachauer Schule* gemalt und einen „großen ‚theoretischen Spaziergang'" gemacht.[20] Aber eine engere Beziehung und konkreter, künstlerischer Einfluss scheinen daraus nicht hervorgegangen zu sein.

Etwas anders war es wohl mit den Malern der *Scholle*, einer Gruppe von durchweg um ein Jahrzehnt älteren Künstlern, die noch über die von Franz von Stuck geprägte *Münchner Secession* hinausgehen wollten. Sie favorisierten die Pleinair-Malerei*, malten in impressionistischer Manier mit breitem Pinsel und viel Aufmerksamkeit für das Licht. Besonders Max Feldbauer (1869–1948) scheint Marc angeregt zu haben, der unter anderem eine Reihe von Pferdebildern malte und dessen Einfluss in Marcs Bildern spürbar ist. Auch Anderes lernte Marc von den Malern der *Scholle*, beispielsweise die Behandlung von Fläche, Umriss und der Formen.

Aber mit den Bildern, die in dieser Zeit entstanden, hatte er keinen Erfolg. Die Zeitschrift *Jugend*, Namensgeberin und gewissermaßen das zentrale publizistische Organ der neuen Stilrichtung, lehnte seine Werke zur Veröffentlichung ab und auch an der Herbstausstellung der *Scholle* des Jahres 1906 nahm Marc nicht teil. Interessanterweise verfolgte er diesen Weg, den er selbst vielleicht nur halbherzig und mit eigenen Zielen im Blick beschritten hatte, nicht weiter. Er nahm die Anregungen, die er gewonnen hatte, auf, zu denen beispielsweise eine zunehmende Befreiung von der Bindung an Wirklichkeitsnähe und das ästhetische Spiel von Linien und Flächen zählte – und ging seiner eigenen Wege.

Van Gogh

Die zweite Anregung, die ihm neue Ausdrucksmöglichkeiten erschlossen hat, gewann Marc während eines erneuten, neuntägigen Aufenthalts in Paris Ende März/Anfang April 1907. Marcs spätere Ehefrau Maria, geborene Franck, wird diese Reise später als den Beginn seines eigentlichen Werks bezeichnen.[21]

Ganz im Zentrum stand Marcs Auseinandersetzung mit dem Werk Vincent van Goghs. Auch Gauguin studierte er, doch der erschien ihm nun „viel berechnender[]“. Und Berechnung ist gerade das, was Marc ablegen wollte.

> „Van Gogh ist für mich die teuerste, größte, rührendste Malergestalt, die ich kenne. Ein Stück einfachster Natur zu malen und dahinein allen Glauben und alle Sehnsucht hineinzumalen, das ist doch das Würdigste."[22]

Kurz darauf wird er für das Phänomen, das er bei van Gogh so sehr bewundert, den Begriff ‚Animalisierung' verwenden. Damit meinte er eine Form der Verinnerlichung, die auf die urtümlichsten Schichten des Menschen zugreift, welche sich in Spontaneität und Unmittelbarkeit äußert, ohne von Reflexion und daraus resultierender Verstellung verformt worden zu sein.

Franz Marc wird gewöhnlich als Maler anrührender, farbiger Tierbilder gesehen, die eine wunderbar dekorative Wirkung haben. Nur wenigen ist bekannt, dass er sehr viel mehr ist als das: dass es ihm mit seiner Kunst im Grunde nicht um das Tier ging, sondern um den Menschen, und dass seine Malerei den Menschen an seine urtümlichsten Schichten heranführen will. Nicht kunsttheoretische Reflexion, sondern Spontaneität und Unmittelbarkeit will er durch seine intensiv reflektierte Malweise heraufbeschwören. Es ging ihm um das *Wesen* des Menschen, dem er sich über die Untersuchung des Wesens des Tiers (lateinisch: *animal*) zu nähern versuchte.

Im Zoologischen Garten in Berlin studierte er die Tiere und schrieb an Maria Franck über „die Gattung ‚Mensch', das Tier ‚Mensch'", das er darstellen wolle:

> „das animalische, mächtige, das Blut, […] die Menschen mit ihrem rinnenden Blut, ihrem schwermütigen Blut, die sich als ‚Frucht der Erde' fühlen, – die will ich darstellen."[23]

Die Mittel dazu stellte ihm van Gogh zur Verfügung. Offenbar empfand er dessen Zugriff auf die Natur als so unmittelbar, dass er sich diesen Weg zum Vorbild und als Wegweiser wählte.

Die Begegnung mit den Werken van Goghs im Frühjahr 1907 hatte Marc überwältigt, denn sie gab ihm nicht zuletzt künstlerische Mittel an die Hand, mit denen er ausdrücken konnte, was auszudrücken sein Anliegen war:

> „Animalisierung […] das Zittern und Rinnen des Blutes in der Natur, in den Bäumen, in den Tieren, in der Luft“,[24]

wie er in einem drei Jahre später entstandenen Brief an den Verleger Reinhard Piper schrieb, der ihn um einen Beitrag in seinem kurz vor der Fertigstellung stehenden Buch *Das Tier in der Kunst* gebeten hatte.

Wie sehr er zu jenem frühen Zeitpunkt schon seinem Gefühl für den eigenen künstlerischen Ausdruck vertraute, zeigt ein weiteres Zitat aus dem oben erwähnten Brief an Maria Franck. Marc studierte inzwischen intensiv die Werke älterer und jüngerer Malerkollegen und suchte in ihnen nach Anregungen. Doch ging er mit diesen Anregungen kritisch um und ließ sich von ihnen keineswegs entmutigen, ganz im Gegenteil:

> „Ein leises Triumphgefühl regte sich heute stets in meinem Innern, nämlich, daß doch etwas in mir ist, was sie alle [Sisley, Monet, Renoir, offenbar auch van Gogh und Gauguin] nicht haben, die andern. Vielleicht ist freilich möglich, daß sie alle es auch wollten und nur den Ausdruck nicht fanden. Aber eben darum müssen wir ihn finden!“[25]

Ende der ‚Eigenbrödelei‘

1910, als Marc an Piper schrieb, war seine künstlerische Isoliertheit und ‚Eigenbrödelei‘, wie er selbst es nannte, zu Ende gegangen. Seit Jahresbeginn stand er in lebhaftem Kontakt mit August Macke und Bernhard Koehler, wenig später auch mit Alexej Jawlensky, Marianne von Werefkin, Wassily Kandinsky, Gabriele Münter und anderen. Im Februar 1911 wurde er Mitglied in der *Neuen Künstlervereinigung München*.

Von nun an strebt Marc – halb aus eigenem Antrieb, halb gedrängt – nach einer auch theoretischen Durchdringung seines Werks. Unter anderem will er von seiner „Beliebigkeit der Farbe", sogar der „verdammten Beliebigkeit", loskommen, wie er am 6. Dezember 1910 und wieder am 31. Januar 1911 an Maria Franck schreibt.[26] Doch betrifft der Wunsch nach Theoretisierung nicht allein die Farbe, sondern ebenso die Form:

> „Einen Gegenstand so zu zeichnen, daß jeder Strich unverrückbar und absolut *notwendig* erscheint; daß die Linie oder Modellierung den Gegenstand völlig umschreibt und darstellt, auf das allereinfachste und darum [die] ‚ausdrucks'vollste Art, das ist alles."[27]

Marcs Bemühungen um eine Theorie der Malerei sind in diesen Jahren sehr intensiv. Vor allem der intellektuell höchst agile Wassily Kandinsky, der 1912 sein Buch *Über das Geistige in der Kunst* veröffentlichen wird, regt ihn dazu an und der Almanach *Der Blaue Reiter*, der im selben Jahr erscheint, somit genau in die Entstehungszeit des *Tiger*-Bilds fällt, ist nur *ein* Zeugnis für dieses intensive, theoretisierende Bemühen Marcs. Annegret Hoberg spricht von 1911 als dem „Jahr der ‚durchaus theoretisch gemalten' Bilder."[28] Das dürfte kaum weniger für das im Frühjahr 1912 entstandene Bild *Tiger* gelten.

FRANZ MARCS „TIGER“
II

In unserer ersten Beschreibung haben wir Marcs Bild als die Darstellung einer Raubkatze im Dickicht bezeichnet. Wir haben bemerkt, dass uns unsere Sehgewohnheiten dazu drängen, die Formen und Farben, die wir auf dem Bild sehen, mit Gegenständen in Beziehung zu setzen und sie als solche zu identifizieren. Heraus kam eine Beschreibung, die nach genauerem Hinsehen – und etwas überraschend – eine allzu einseitige, von Erwartungen und Floskeln geprägte erste Sicht überschritten hat. Stattdessen ergab sich eine gewisse Potentialität, die Möglichkeit zu (mindestens) zwei sehr unterschiedlichen Fortsetzungen der mit dem Bild angedeuteten Geschichte.

Nun ist es, wie wir wissen, erklärtes Ziel moderner Kunst, *Ausdrucks*träger zu sein. Moderne Kunst will nicht mehr abbilden. Stattdessen sucht sie nach künstlerischen Möglichkeiten, subjektivem und individuellem Erleben Ausdruck zu verleihen.

Wenn diesem modernen Charakter von Marcs *Tiger* Rechnung getragen werden soll, liegt es nahe, das Bild noch einmal und mit anderen Augen anzusehen. Im Verlauf dieser zweiten Beschreibung reicht es nicht mehr aus, gegenständliche Bezüge des Bilds herzustellen und gewissermaßen eine Szene im Dickicht eines Walds zu identifizieren, die mit den Mitteln der Dokumentarfotographie viel besser hätte dargestellt werden können. Vielmehr wollen wir über eine solche Identifizierung des Gegenständlichen im Bild hinausgehen und auf diese Weise gewissermaßen unter die Oberfläche der äußeren Erscheinung vordringen.

Künstlerische Mittel

Wir haben zu diesem Zweck an anderer Stelle die Unterscheidung zwischen dem *Was* und dem *Wie* der Darstellung eingeführt, also zwischen dem *Gegenständlichen* der Darstellung – *was* ist dargestellt? – und der Art und Weise, *wie* die Darstellung künstlerisch vollzogen wird.[29]

Das *Wie* der Darstellung umfasst die künstlerischen Mittel, die der Maler verwendet hat, um die von ihm beabsichtigte Wirkung zu erzielen. Dazu zählen beispielsweise

- Format,
- Größe,
- Technik und Material des Bilds,
- Bildausschnitt,
- Komposition,
- Perspektive,
- Lichtführung,
- Farbigkeit,
- Ausdruck
- und nicht zuletzt die Art der Betrachteransprache (= wie wird der Betrachter in das Geschehen einbezogen?).

Anlässlich der Analyse der *Madonna des Kanonikus van der Paele*, die der frühniederländische Maler Jan van Eyck zwischen 1434 und 1436 gemalt hat, war deutlich geworden, wie wesentlich der Einsatz der künstlerischen Mittel für die Deutung des Bilds ist. Denn gerade die künstlerischen Mittel sind es, die den Blick des Betrachters lenken und ihn auf die Spur dessen führen, was der Künstler mit seinem Werk eigentlich erreichen will.

Wenn dies aber schon für ein Werk des frühen 15. Jahrhunderts gilt, als noch nicht die Kunst, sondern die Botschaft des Bilds im Vordergrund stand, um wieviel mehr muss es dann für ein modernes Bild gelten, das sich durch einen wesentlich extensiveren Einsatz künstlerischer Mittel auszeichnet. Immerhin steht hier, wie wir gesehen haben, nicht mehr das Kodieren und Dekodieren einer Botschaft im Zentrum der Aufmerksamkeit. Stattdessen geht es um ein ‚Wittern und Spüren', um das Aufnehmen einer eher diffusen Fährte, die nicht mehr aus genau kalkulierten Fingerzeigen besteht, sondern aus mehr oder weniger unbestimmt bleibenden Hinweisen, die es zu erspüren gilt, ohne dass sie ausdrücklich zu einem – und *nur* einem – bestimmten Punkt führen müssten.

Beschreibung 2

Versuchen wir uns also in einem zweiten Durchgang der Beschreibung, diesmal jedoch ohne auf die Gegenständlichkeit der Darstellung zu fokussieren, stattdessen mit besonderer Aufmerksamkeit für die verwendeten künstlerischen Mittel: für das *Künstlerische* am Werk.

Format, Größe, Technik und Material

Das in Ölfarben auf Leinwand gemalte Bild ist mit seinen 111 x 101,5 cm verhältnismäßig groß – nicht übermäßig und nicht einzigartig innerhalb des Œuvres Marcs, aber dennoch wirkt es in gewisser Hinsicht monumental. Das mag an der Konzentration auf die Gestalt des einen Tiers liegen, die die gesamte Leinwand beinahe rahmenfüllend einnimmt.

Bildausschnitt

Der vergleichsweise enge Ausschnitt bewirkt, dass der Betrachter sich dem Tier sehr nahe fühlt. Es scheint durch die Bildränder förmlich bedrängt zu werden, so nahe rücken sie ihm. Und mit ihnen der Betrachter: er steht hinter einer Barriere, die durch die blauen Formen am unteren Bildrand geschaffen wird, ist auf diese Weise vom Tier getrennt, hat es aber dennoch buchstäblich ‚zum Greifen nahe' vor sich.

Aufgrund dieser Nähe wäre eigentlich zu erwarten, dass das Tier den Betrachter ansieht. Dass es das nicht tut; dass der Betrachter unbemerkt bleibt und es ungesehen beobachten kann, macht den Blick auf das Tier noch intimer.

Komposition

Das Tier wie auch die angedeuteten Gegenstände oder Pflanzen sind in kubistischer Manier in einzelne, meist scharfkantige, eckige Formen zerlegt, die sich häufig nur durch die Farben zu einem Ganzen zusammenfügen. Aus diesen Formen, die gelegentlich als ‚kristallin' bezeichnet wurden, ergibt sich ein Liniengefüge, das in seiner Gesamtheit von links unten nach rechts oben strebt. Auch der Körper der Raubkatze ist in dieses Liniennetz eingefügt und dies so sehr, dass er ohne die Farben kaum genau von der Umgebung zu unterscheiden wäre.

Einzig der Kopf mit dem starrenden Auge und der angrenzenden Schulterpartie sowie der Unterleib, der durch die ihn umgebende, blutrote Farbe optisch noch vergrößert wird, widersetzen sich dieser kompositorischen Ausrichtung, wodurch die Wendung des Kopfs und die Betonung des Unterleibs umso eindringlicher werden.

Der Unterleib wird noch zusätzlich dadurch betont, dass das Bild durch eine über seine gesamte Breite verlaufende, horizontale Linie genau in der Bildmitte in eine obere und eine untere Hälfte geteilt wird. Kompositorisch wird damit darauf hingewirkt, dass nicht allein die obere Hälfte mit dem Kopf und dem wie magisch wirkenden Auge, sondern ebenso die untere Hälfte Aufmerksamkeit auf sich zieht und damit Bedeutung für die Interpretation gewinnt.

Perspektive

Eine Perspektive im eigentlich Sinn, also eine mit Hilfe von Linien nach den Regeln der Fluchtpunktperspektive* konstruierte Raumillusion, gibt es im Bild nicht. Wo überhaupt Räumlichkeit entsteht, geschieht dies durch die Überlagerung von Formen, beispielsweise der Spitze im Vordergrund, die über dem Unterleib des Raubtiers im Mittelgrund liegt, oder durch die Farbgebung, wobei Marc sich nicht an die gängigen Regeln der Erzeugung von Räumlichkeit durch Farben hält.

Dem Künstler scheint es also nicht um korrekte Konstruktion zu gehen, beispielsweise um in mimetischer Absicht einen authentischen Raumeindruck zu vermitteln. Stattdessen konzentriert er sich auf die malerischen Aspekte seines Motivs.

Lichtführung

Auch eine konsequente Lichtführung ist nur schwer zu erkennen. Immerhin wird das Tier von einer Lichtquelle beschienen, die außerhalb des Bilds, links oben anzunehmen ist, und es wird in seinem Versteck überraschend hell von ihr beschienen. Der Bildraum um das Tier herum ist dagegen durchweg deutlich dunkler, so dass auch auf diese Weise der angeleuchtete Leib des Tiers dem Betrachter merklich näher rückt.

Farbigkeit

Die Farbgebung ist das prägende künstlerische Mittel des Bilds. Hierauf hat der Maler viel Aufmerksamkeit verwendet, sie muss ihm besonders wichtig gewesen sein.

Das gesamte Bild ist in den Grundfarben Gelb, Blau und Rot sowie Grün gehalten. An einigen markanten Stellen erweitern Orange und Violett die von Marc verwendete Farbpalette zum Spektrum der prismatischen Farben*. Außerdem treten zurückhaltend Weiß und am oberen Bildrand ein eigenartiges Rosa zu dieser Farbskala hinzu. Prägend für die Bildwirkung ist nicht zuletzt die großzügige Verwendung von Schwarz, das nicht zur Bezeichnung von Konturen, sondern flächig eingesetzt wird: durch die Andeutung von Schatten und Schattierungen verleiht es den Farben noch mehr Leuchtkraft und den Formen Volumen und Plastizität.

Anders als beispielsweise Paul Cézanne setzt Marc nicht etwa viele kleine Farbflecken nebeneinander. Stattdessen bildet er größere Farbinseln, die sich, mit einer kristallinen Binnenstruktur versehen, über die Bildfläche verteilen. Die größte von ihnen ist das Gelb, mit dem der Körper des Tiers in der Bildmitte bezeichnet wird. Um diese herum gruppieren sich eine überwiegend grüne Farbinsel (oben links), eine blaue (unten links), eine weitere grüne (unten rechts) und eine violette (oben rechts), die ganz am rechten Bildrand zum Teil von einer orangenen begleitet wird. Die untere Hälfte der gelben Farbinsel wird außerdem umgeben von einem glühenden Rot.

Die Farben sind nicht gänzlich flächig aufgetragen. Der Pinselstrich bleibt an vielen Stellen ebenso erkennbar, wie die Farben changieren können. So wandelt sich das Grün gelegentlich von einem durch Schwarz verdunkelten bis zu einem hellen Gelbgrün. Ebenso begegnet das Rot verdüstert wie auch zu einem Rotorange aufgehellt. Auch dieser variable Umgang mit den Farben trägt, wie der Kontrastreichtum, zur Lebendigkeit der Farbwirkung bei.

Ausdruck

Der Ausdruck des Tiers, das Marc zeigt, ist, wie wir gesehen haben, vielschichtiger, als es die gängigen Beschreibungen vermuten lassen.

Man wird der Darstellung sicher nicht gerecht, wenn man sich auf den Tiger als grausames, aggressives und majestätisches Raubtier beruft. Im Blick und vor allem in der Haltung des katzenartig eingerollten Tiers in Marcs Darstellung ist die Aufmerksamkeit des Jägers wie zugleich die Vorsicht des Gejagten zu erkennen. Einer gespannten Gelassenheit jedenfalls, wie wir sie in entsprechenden Dokumentarfotos eines jagenden Pumas (*Bild rechts*) erkennen können, stehen im Bild die eher nach hinten gerichteten Ohren wie vor allem die weit geöffneten Augen eines Blicks gegenüber, der etwas Lauerndes hat und dabei gleichermaßen die Bereitschaft zu Angriff und zur Flucht einschließt, wenn letztere die klügere Wahl für das keineswegs majestätische Tier sein sollte.

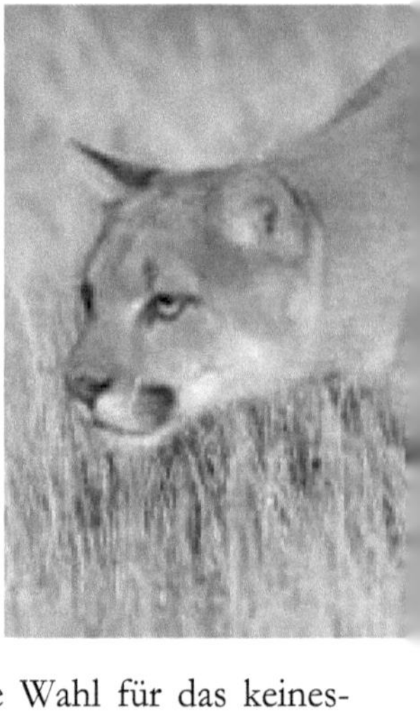

Betrachteransprache

Auch die Betrachteransprache – die Art und Weise, wie der Betrachter in das Bild einbezogen wird – bedarf besonderer Aufmerksamkeit, um nicht von Erwartungen und Allgemeinplätzen in die Irre geleitet zu werden.

Der Betrachter wird, wie wir beobachtet haben, durch Format und Ausschnitt des Bilds einerseits sehr nahe an das Bildgeschehen herangeführt, andererseits wird ihm durch die dunkelblaue Barriere am unteren Bildrand der definitive Zugang zum Versteck verwehrt. Obwohl er dem Tier so nahe ist, dass er es beinahe berühren könnte, wird er von ihm nicht wahrgenommen. Es schaut weit links an ihm vorbei.

Man kennt die Situation aus dem Zoo: Der Besucher betrachtet ein Tier in seinem Käfig und hätte gern, dass es seinen Blick erwidert, dass also gewissermaßen Kommunikation in Gang kommt. Doch das Tier konzentriert sich auf etwas ganz Anderes. Seine Aufmerksamkeit ist auf etwas gerichtet, woran der Betrachter keinen Anteil hat. Er bleibt aus der Welt des Tiers ausgeschlossen. Wie indessen diese Welt aussieht, worauf das Tier beispielsweise seine Aufmerksamkeit richtet, ist für den Besucher nicht nachvollziehbar. Das mag auch damit zusammenhängen, dass das Tier nicht allein seine Augen für die Aufnahme der Sinnesdaten verwendet, sondern darüber hinaus seine anderen Sinne einsetzt, die um ein Vielfaches stärker ausgebildet sind als die des Menschen und in seinem Kopf zweifellos Eindrücke, Atmosphären, Farben oder Bilder erzeugen, von denen der Beobachter keine Ahnung hat. An dieser Art der Sinnesaufnahme, die tatsächlich den Zugang zu einer anderen ‚Welt' eröffnet, hat er keinen Anteil, zumal der erwähnte Beobachter eher den Blick des Tiers zu vermenschlichen gewohnt ist, als ihn unvoreingenommen nachzuvollziehen.

Ganz ähnlich scheint es sich im Fall von Marcs Raubkatze zu verhalten. So nahe der Betrachter dem Tier optisch auch kommen mag: von dem, was es soeben sieht, hört, wittert, fühlt oder erlebt, bleibt er ausgeschlossen. Die Distanz ist trotz der Verringerung der Entfernung, die der Maler dem Betrachter gewährt hat, nicht zu überbrücken, sie wird durch die Barriere im Vordergrund eher noch betont.

Lokalfarbe *versus* Bildfarbe

Wir haben gesehen, dass die Farbe im Bild eine wesentliche Rolle spielt. Sie fällt sofort ins Auge, wenn man sich ihm nähert, und stellt, nicht zuletzt da die Formen durch einen deutlichen Hang zur Abstraktion gekennzeichnet sind und die Aufmerksamkeit des Betrachters nur wenig fesseln, ein anhaltendes, wohl das prägende Faszinosum des Bilds neben dem Blick des Raubtiers dar.

Indessen begegnen im Bild Farben, die so nicht ‚stimmen' können. Wenn auch das Grün auf Wiesen oder Wald hindeuten mögen, so dürften die von Marc verwendeten Farben Blau, Rot, Orange, Violett und Weiß keine unmittelbare Entsprechung in der Natur finden.

Ist das ein Fehler?

Tatsächlich hat ein Maler seit gut 100 Jahren die Freiheit, Farben so einzusetzen, wie er persönlich es für richtig, das heißt künstlerisch sinnvoll hält.

Jeder Gegenstand in der Wirklichkeit hat eine eigene, eine ‚richtige' Farbe: diese nennen wir die ‚Lokalfarbe'. Nun ist jedoch gerade die Wende vom 19. zum 20. Jahrhundert jene Zeit, in der sich die Farbgebung in der Kunst von der Bindung an die Wirklichkeit löst. Das war bereits bei Cézanne und Gauguin zu beobachten, Franz Marc aber nimmt sich hier bereits alle Freiheiten, derer sich die expressionistischen Künstler des *Blauen Reiters* und der *Brücke* seit etwa 1907/08 in bis dahin nicht gekanntem Maß erfreuten. Die Farbe auf dem Bild konnte nun von der Farbe in der Wirklichkeit vollständig abweichen. „Expressionismus" heißt nicht zuletzt, dass auch die Farbe zu einem wesentlichen Ausdrucksträger wird, und ihre Emanzipation geht so weit, dass sie mit der Lokalfarbe nichts mehr zu tun haben muss.

Und so können wir es auch in Marcs *Tiger*-Bild beobachten: Das Blau der Formen im Vordergrund dürfte ebenso wenig der Lokalfarbe entsprechen wie das Rot und das Violett, die den Körper des Tiers umgeben. Und wahrscheinlich ist es ähnlich mit dem Weiß und dem Orange und ganz sicher mit dem vielen Schwarz, das überall auf dem Bild zu finden ist, zumal der Chemiker Michel Eugène Chevreul (1786–1889) und die seiner Theorie der Pigmente verpflichteten Impressionisten gerade erst mit aller Macht betont hatten, dass Schatten niemals schwarz seien.

Allerdings ergibt sich aus dieser Freiheit eine neue Frage: Wenn der Maler sich also nicht mehr an die Lokalfarben gebunden fühlt: nach welchen Kriterien wählt er seine Farben dann aus? Wie entscheidet er, welche Farbe er für welchen Bereich der Leinwand verwenden will?

Gelb

Speziell bei *Tiger* ergibt sich eine weitere Frage: Wenn Blau, Rot, Violett, Orange, Weiß und Schwarz *keine* Lokalfarben sind, sie also nicht jenen Farben entsprechen, die die dargestellten Objekte in der Wirklichkeit hatten – warum sollte das bei Gelb dann anders sein?

Anders gefragt: Warum sollte es sich bei dem gelb dargestellten Tier tatsächlich um ein gelbes Tier gehandelt haben? Stattdessen hätte das Tier auch ein schwarzer Panther gewesen sein können, den Marc wie schon 1908 vielleicht vor Augen hatte. Die Farbe *im Bild* stellt jedenfalls keinen Hinweis auf die Farbe des Tiers *in der Natur* dar.

Durch die Verwendung der Farbe Gelb für den Körper der Raubkatze wollte Marc etwas Bestimmtes zum Ausdruck bringen. Was dies ist, liegt indessen in der Farbe selbst, in ihrer Qualität, ihrem Charakter oder ihrem Symbolgehalt, nicht aber in ihrem Bezug zur Wirklichkeit.

Was dies indessen gewesen sein könnte, erschließt sich nicht aus dem Bild selbst. Ein kaum widerlegbarer Hinweis darauf ist der irreführende Titel des Bilds, der höchst wahrscheinlich auf die unreflektierte Auffassung der Farbe Gelb als Lokalfarbe und damit als Hinweis auf einen Tiger als Vorlage zurückgeht.[30]

Daher ist es an diesem Punkt unserer Bildanalyse nötig und sinnvoll, an anderen Stellen des Werks Franz Marcs nach Antworten zu suchen. Glücklicherweise war der Künstler ein eifriger Briefeschreiber und gerade in den letzten Jahren vor dem Krieg hat er zudem eine ganze Reihe von Aufsätzen geschrieben. Es lohnt also, diese zur Hilfe zu nehmen, um nach Hinweisen auf ein mögliches Verständnis beispielsweise seiner Farbwahl zu suchen.

FRANZ MARC IN SEINEN SCHRIFTEN

Marc selbst gibt in seinem schriftlichen Nachlass, soweit er erhalten und publiziert ist, indirekt mindestens drei Ansätze zur Deutung seiner Werke. Dabei folgen seine Schriften keiner übergeordneten Systematik, so dass es bei Ansätzen bleibt. Ob und gegebenenfalls wie Marc sich selbst entschied, muss letztlich offen bleiben.

Ansatz 1: Das Tier als Chiffre

Der erste Ansatz zu einer Deutung seiner Malerei ist zugleich auch der zeitlich früheste, der sich festmachen lässt. Er liegt noch vor der Phase der theoretischen Reflexion seines Werks und bezieht sich in erster Linie auf seine Motivwahl.

Im September 1907, viereinhalb Jahre vor der Entstehung von *Tiger*, aber nur wenige Wochen, bevor er den erwähnten Bronzepanther modellierte, machte Marc, von Swinemünde kommend, einen Zwischenstopp in Berlin. Dort besuchte er neben den Kunstsammlungen auch den Zoo, wo er über mehrere Tage hinweg vielleicht zum ersten Mal systematisch Tierstudien betrieb.

Aus dem Brief, den er am 22. September an Maria Franck schrieb, habe ich weiter oben bereits zitiert (S. 39). Er wolle, wie er schrieb, „das animalische, mächtige," das „rinnende[] Blut" darstellen, heißt es dort.

Allerdings ist diese oft zitierte Formulierung nur ein Teil dessen, was Marc an dieser Stelle geschrieben hat, und nicht einmal der wichtigste. Vollständig lautet die Passage:

> „Für mich ist er [der Berliner Zoo] voll des Wunderbaren, voll ‚Geist'. Ich denk auch immer von den Tieren weg an ‚mein Weib', meinen Akt. Die Gattung ‚Mensch', das Tier

> ‚Mensch' darzustellen; das animalische, mächtige, das Blut, die Rasse, … die Menschen mit ihrem rinnenden Blut, ihrem schwermütigen Blut, die sich als ‚Frucht der Erde' fühlen, – die will ich darstellen, – so will ich Dich darstellen."[31]

Das ‚Weib', von dem Marc schreibt, ist eine Aktdarstellung, an der er in dieser Zeit intensiv arbeitet und bei der er, selbst wenn er ein Modell verwenden musste, seinen eigenen Worten zufolge unablässig an Maria Franck dachte: „ich denke immer an Dich u. stell mir zuweilen vor, Du wärest es."[32]

Aus der Briefpassage, wenn man sie im Ganzen liest, geht aber vor allem auch hervor, dass das Tier als Motiv für Marc ein Vehikel ist, um mit seiner Hilfe *den Menschen* darzustellen: „das Tier ‚Mensch' darzustellen […] – so will ich Dich darstellen", schreibt er an seine Geliebte.

Das scheint in dem Schreiben, das er zweieinhalb Jahre später an Reinhard Piper schickt, anders zu klingen. Hier ist ein eindeutiger Bezug auf den Menschen als eigentlichem Motiv der Darstellung weggefallen. Er war allerdings auch aufgefordert, etwas über die Ziele und Absichten seines Schaffens in Bezug auf Tierdarstellungen zu schreiben. So blieb er vordergründig bei den von ihm dargestellten Tieren, ohne sie von sich aus zu deuten:

> „Meine Ziele liegen nicht in der Linie besonderer Tiermalerei. Ich suche einen guten, reichen und lichten Stil, in dem wenigstens ein Teil dessen, was wir moderne Maler zu sagen haben werden, restlos aufgehn kann. Und das wäre vielleicht ein Empfinden für den organischen *Rhythmus* aller Dinge, ein pantheistisches* Sichhineinfühlen in das Zittern und Rinnen des Blutes in der Natur, in den Blumen, in den Tieren, in der Luft …; das zum ‚Bilde' zu machen, mit neuen Bewegungen u. mit Farben, die unseres alten Staffeleibildes spotten."[33]

Doch auch wenn es vordergründig nun nicht mehr um das ‚rinnende Blut des Menschen', sondern um das „Zittern und Rinnen des Blutes in der Natur" im Allgemeinen zu gehen scheint, ist es dennoch nicht das *Tier*, das mit den Tierdarstellungen thematisiert wird. Das wird umso deutlicher, wenn man die Fortsetzung einbezieht:

> „In Frankreich schult man sich seit mehr als einem halben Jahrhundert auf dieses Thema. Von Delacroix u. Millet über Degas, Cézanne zu van Gogh u. den Pointillisten führt ein gerader Weg; und die jüngsten Franzosen sind in einem wundervollen Wettlauf nach diesem Ziel begriffen."

Was an dieser Ausführung am meisten überrascht, ist die Tatsache, dass kein einziger der von Marc genannten Maler ein ausdrücklicher Tiermaler war. Und wo in deren Werken ein Tier begegnet, beispielsweise bei Delacroix, steht es nur selten im Mittelpunkt der Aufmerksamkeit. Ganz im Gegenteil, so hebt auch Marc selbst hervor, gehen diese Künstler „dem natürlichsten Vorwurf für diese Kunst", dem Tierbild, sogar „sorgfältig aus dem Wege". Dabei sehe er, Marc,

> „kein glücklichers Mittel zur ‚*Animalisierung* der Kunst' als das Tierbild. Darum greife ich danach. Was wir anstreben, könnte man eine Animalisierung des Kunstempfindens nennen."

Und damit hat Marc seine Motivation für die Wahl des Tiermotivs in seiner Malerei und Skulptur dieser Zeit benannt: die ‚Animalisierung des Kunstempfindens'. Dabei verankert er diese Motivation unmittelbar in der von ihm angesprochenen Tradition:

> „Bei einem van Gogh oder einem Signac ist alles animalisch geworden, die Luft, selbst der Kahn, der auf dem Wasser ruht, und vor allem die Malerei selbst: Diese Bilder haben

> gar keine Ähnlichkeit mehr mit dem, was man früher ‚Bilder' nannte."

Spätestens mit diesem Hinweis gibt es keinen Zweifel mehr, dass es bei seinen Tierdarstellungen – zumindest bei denen, die in dieser frühen Zeit entstehen – nicht um die Darstellung des Tiers um des Tiers willen geht. Die Formulierung in Marcs Brief an Piper ergibt nur dann einen Sinn, wenn man ‚Animalisierung der Kunst' nicht in dem Sinn versteht, dass es dabei um die Darstellung von *Tieren* geht, um Tierkörper in den unterschiedlichsten Haltungen und Zusammenhängen, um reizvolle Anatomiestudien oder romantische Waldidyllen. Kurz zuvor hatte er anlässlich eines erneuten Aufenthalts in Paris an Maria Franck über seine Begeisterung für van Gogh geschrieben, dass dieser imstande sei,

> „ein Stück einfachster Natur zu malen und dahinein allen Glauben und alle Sehnsucht hineinzumalen".[34]

‚Animalisierung des Kunstempfindens' meint eine psychologische Kategorie der Wahrnehmung des Menschen, der noch – wie van Gogh – zu einer von Natürlichkeit, von Instinkthaftigkeit geprägten Wahrnehmung in der Lage ist, dessen Erleben von wahrhaftiger Tiefe und einem ungebrochenen Gefühl geprägt ist. Es geht dabei um Unmittelbarkeit, um Spontaneität und eine von keiner ‚Kultivierung' geprägten, damit zerstörten Intuition. Bei dem, was Marc an Piper schreibt, hat er ein Empfinden in der Kunst vor Augen, das wesentlich komplexer ist als das sich selbst reflektierende, auf Bildung und Wissen zurückgreifende, Argumente abwägende Entschlüsseln von Bild-Botschaften, wie sie die vormodernen Kunstwerke enthalten. Diese natürliche Einheit aber, dieses Übereinstimmen mit sich selbst meint Marc nur in der Natur und also bei den Tieren zu finden.

Ansatz 2: Farbtheorie und Farbsymbolik

Einen Ansatz zu einer zweiten Deutung nicht allein von *Tiger* bietet Marc im Zuge seiner intensiven Auseinandersetzung mit Theorie und Praxis der Farbe.

Bis in die Jahre 1909/10 hinein hielt er sich in seinen Bildern an die Lokalfarben (vgl. *Der tote Spatz*, Abb. S. 35). Erst das Studium der Werke Cézannes, van Goghs und ganz besonders von Henri Matisse machte ihm die Freiheit des Künstlers gegenüber einer wirklichkeitsgetreuen Farbgebung in seiner ganzen Tragweite bewusst. Sein *Akt mit Katze* von 1910 (*Abb. 7*) gilt als das erste Bild, mit dem er konsequent den an der Wirklichkeit orientierten Gebrauch der Farbe hinter sich ließ. Im selben Jahr war in München eine Matisse-Ausstellung zu sehen gewesen. Angeregt durch dessen expressive Farbgebung, liefert Marc hier geradezu ein Lehrstück des Gebrauchs des Komplementärkontrasts, der sich von der Gegenstandsfarbe vollständig emanzipiert hat.

Dabei war eines für ihn von Anfang an klar: Anders als Matisse wollte er Farben nicht rein dekorativ verwenden:

> „*Niemals* werde ich um dekorativer Wirkung willen einen Busch blau machen, sondern nur um das Pferd, das sich von ihm abhebt, in seiner ganzen Wesenheit zu steigern."[35]

Die Farbe war für Marc ein künstlerisches Mittel, über dessen Einsatzmöglichkeiten und Wirkungen er sich genau im Klaren sein wollte.

So hat sich aus der Zeit um den Jahreswechsel 1910/11 ein Heft erhalten, in dem Marc Auszüge aus farbtheoretischen Texten aus dem späten 19. Jahrhundert, aber auch von dem erwähnten, für die Impressionisten grundlegend wichtigen Michel Eugène Chevreul, zusammengetragen hat.[36] Anfang 1911 ist er so weit gekommen, dass er Farbe(n) und Form(en) in ein ganz neues Verhältnis zueinander setzen kann, unabhängig von der Farbe, die ein Gegenstand in der ‚Natur' hat. „Das Bild", so schreibt er am 20. Februar 1911 an Maria,

> „ist ein Kosmos, der ganz anderen Gesetzen unterliegt als die Natur; die Natur ist gesetzlos, weil unendlich, ein unendliches Neben- und Nacheinander. Unser Geist schafft selbst enge, straffe Gesetze, die ihm die Wiedergabe der unendlichen Natur möglich machen."[37]

Diese ‚Gesetze' sind es in Marcs Vorstellung, die die Kunst über die Natur erhebt.

> „Der Verfall jeder Kunst begann mit dem Aufgeben der strengen Gesetze, mit der ‚Naturalisierung' [= Gesetzlosigkeit, dem Einzug von Willkür und Beliebigkeit] der Kunst."

Und da er wie viele seiner Zeitgenossen – allen voran Wassily Kandinsky – an eine unmittelbar bevorstehende Wende der Menschheit hin zu einem Zeitalter des reinen Geists glaubt,[38] bemüht er sich darum, auch die Kunst geistig zu systematisieren und ihre Gesetzmäßigkeiten herauszufinden.

Eine ganz besondere Rolle spielt dabei der Komplementärkontrast. „Kein anderer Künstler der Avantgarde", so hält Annegret Hoberg fest, „hat derart überlegt, aber auch mit umständlicher[er] Mühe um das Setzen der Farben und ihre verschiedenen Kontraste gerungen."[39] In einer Reihe von Briefen berichtet er über sein Vorgehen, bei dem er zwischenzeitlich sogar ein Prisma zur Kontrolle der Reinheit der Farben und der Kontraste verwendete.

Brief vom 12. Dezember 1910 an August Macke

Der ausführlichste, bis heute bekannte Text Marcs über Farbtheorie und -deutung entstammt einem Brief, den er am 12. Dezember 1910 an August Macke schrieb.

An diesem Text fallen zwei Aspekte besonders ins Auge:

Einerseits die für den Laien nur schwer nachvollziehbaren Überlegungen zu den Komplementärkontrasten. – Zum Verständnis: Ein Komplementärkontrast ergibt sich, wenn zwei im Farbkreis einander genau gegenüberliegende Farben aufeinandertreffen. Im Farbkreis einander gegenüberliegende (primäre und sekundäre) Grundfarben sind:

Blau und Orange
Rot und Grün
Gelb und Violett

Dies sind die gängigsten, sozusagen reinsten Komplementärkontraste.

Marc beschreibt in seinem Brief seine eigene „Theorie von Blau, Gelb und Rot" oder wie er die Farben seiner Bilder ‚komponiert', indem er sorgfältig (mit und ohne Zuhilfenahme des Prismas) die Wirkungen beobachtet, die sie entfalten, sobald sie aufeinandertreffen. So sei Rot so aggressiv, dass es von Blau und Gelb mühsam gebändigt werden müsse. Die Mischung aus Blau und Rot ergebe Violett, die Farbe „unerträgliche[r] Trauer", die durch das „versöhnende Gelb" kontrastiert werden müsse. Gelb seinerseits gewinne, wenn es mit Rot zu Orange gemischt werde, eine „‚megärenhafte', sinnliche Gewalt", die nun durch Blau abgemildert werden müsse, was seinerseits einen „durchaus festliche[n] Klang" ergebe. Und so geht es weiter:

> „Mischst Du nun aber Blau und Gelb zu Grün, so weckst Du Rot [...] zum Leben, aber hier fühle ich als Maler immer einen Unterschied: mit Grün bringst Du das ewig materielle, brutale Rot nie ganz zur Ruhe, wie bei den vorigen Farbklängen."[40]

Diese Passage macht deutlich, wie konsequent und systematisch sich Marc daranmachte, die Wirkungen der Farben auf einander und auf den Betrachter zu untersuchen. Zugleich ist daran zu sehen, dass die Farbwahl in den Bildern Marcs, vor allem in den nach 1910 entstandenen, keineswegs spontan und beliebig erfolgte. Vielmehr orientierte sie sich an Gesetzen, die Marc in dieser Zeit entdeckt zu haben glaubte – und die *nicht* die Gesetze der *Mimesis*, der Nachahmung der äußerlich sichtbaren Wirklichkeit waren.

Übrigens führen ihn seine Studien bis zu einem Punkt, an dem er nach der Konfrontation mit Musik von Arnold Schönberg (1874–1951) seine Theorie der Komplementärkontraste dahingehend modifiziert, dass er die entsprechenden Farben nicht mehr notwendigerweise dicht nebeneinander legt, sondern sie „mit künstlerischem Geschmack und Instinkt [...] über das ganze Bild verteil[t]."[41] Für die Analyse ist diese Modifikation von Bedeutung, da sie heißt, dass ein Komplementärkontrast auch versteckt auftreten und Wirkung entfalten kann. Die entsprechende Farbe kann tatsächlich „irgendwo" im Bild gegenwärtig sein und sich sogar in einer gemischten Farbe verstecken, so wie ein Gelb – Komplementärfarbe zu Violett – in einem Orange versteckt sein kann: wenn es stark genug angelegt ist, könne es

> „die komplementäre Verbindung zwischen Gelb und Violett über die blaue Grenze hinweg aufrecht[]erhalten."[42]

Ein effektiver Komplementärkontrast, der die Wirkung der malerischen Mittel zu steigern vermag, ist demnach also auch über eine größere Entfernung möglich.

Der zweite Aspekt, den wir in Marcs Überlegungen vom Dezember 1910 finden und der für eine Deutung auch des *Tiger*-Bilds interessant ist, ist der einer rudimentären Farbsymbolik. Eine solche beschreibt er Macke gegenüber im selben Brief.

Demnach steht

- Blau für „das männliche Prinzip, herb und geistig" und kühl; es verweist auf den Mann, aber auch auf den Himmel;
- Gelb steht für „das weibliche Prinzip, sanft, heiter und sinnlich", das grundsätzlich passiv ist, aber versöhnend wirken kann – „das Weib als Trösterin, nicht als Liebende!"; darüber hinaus steht Gelb für die Sonne;
- Rot symbolisiert „die Materie", „brutal und schwer". Es steht für „die ‚Erde'". Das „ewig materielle, brutale Rot".[43]

Wie lebendig für Marc diese Symbolik gedacht wird, zeigen Formulierungen wie:

> „Ich werde trotz aller Spektralanalysen den Malerglauben nicht los, daß Gelb (das Weib!) der Erde Rot näher steht, als Blau, das männliche Prinzip."

Und weiter

> „Die Übereinstimmung mit der uralten physiologischen Theorie über das ‚Weib' klingt hier etwas komisch, aber sie stützt in meiner Phantasie die Bezeichnungen, die ich für mich den Farben gebe."

Dass sich Franz Marc auf seinem künstlerischen Weg im Laufe der Zeit von der Bindung an die Lokalfarben löst, wird in seinem Werk, wie wir gesehen haben, überdeutlich. Die Farben, die einst mimetisch eingesetzt worden und den Eindruck, den ein Gegenstand oder Lebewesen in der Wirklichkeit machte, auf der Leinwand nachzuahmen bemüht waren, übernehmen nun andere Funktionen. Entsprechend malte Marc nicht mehr in der Natur, unmittelbar vor dem entsprechenden Motiv, sondern im Atelier, wo er seine Skizzen und Studien zum ‚Komponieren' seiner Werke verwendete.

Dazu war er nicht zuletzt auch deswegen in der Lage, weil er nicht ein *bestimmtes*, Motiv, etwa ein *bestimmtes* Tier in seiner individuellen Einzigartigkeit wiedergeben wollte, vielmehr strebte er nach Allgemeingültigkeit, nach dem *Typus* des Tiers – selbst die Landschaft wird zum Bedeutungsträger; das Tier ist auf seinen Bildern nicht mehr Individuum oder Vertreter einer Gattung oder Rasse. Schon früh (1910) hatte er das formuliert, wie wir bereits gesehen haben.

Diese beiden Ansätze – der farbtheoretische und der farbensymbolische –, die beide aus dem Brief vom 12. Dezember 1910 hervorgehen, werden in der kunsthistorischen Forschung kontrovers diskutiert. Das eine Lager spricht dem anderen die Richtigkeit seiner Annahmen ab. So herrscht, während man früher einmal dem symbolischen Ansatz folgte, seit fast zwei Jahrzehnten eher der farbtheoretische vor. Damals konstatierte Christoph Wagner, dass sich das farbsymbolische Verständnis der Bilder Marcs nur auf eine einzige Briefstelle berufen könne und daher „einseitig und korrekturbedürftig" sei.[44] Tatsächlich wird sich Marc, soweit dies aus der historischen Distanz nachvollziehbar ist, später nicht mehr dazu äußern. Aber einerseits liegen zwischen Dezember 1910 und dem Frühjahr 1912, als *Tiger* entstanden sein dürfte, nicht einmal eineinhalb Jahre, und andererseits hat Marc seine Symbolik auch niemals zurückgenommen. Die eine wie die andere Annahme – dass Marc die Symbolik anwandte und dass er sie verwarf – entbehren also unmissverständlicher Belege. Wir können in beiden Fällen nur von Hypothesen ausgehen.

Die Freundschaft mit August Macke, den Marc am 6. Januar 1910 kennenlernte, beflügelte ihn darin, die Farbe als eigenständiges Ausdrucksmittel zu entdecken und zu systematisieren. Tatsächlich wird 1911 zum Jahr seines entscheidenden künstlerischen Umbruchs. Marc befreit sich vom Einfluss Cézannes, van Goghs, Gauguins und anderer und entwickelt seine eigene Bildsprache. Hatte er im Februar noch geschrieben, „eine leichte Ahnung" von den ‚Gesetzen der Kunst' stecke schon in seinen Bildern;[45] wünschte er im Verlauf des Jahrs immer wieder, mit der „Malerei wieder von vorne" beginnen zu können,[46] so hieß es im September, sein „ganzes Trachten" sei es,

> „innerlicher zu werden, jeder auf dem Bilde vorkommenden Farbe und Form eine innerliche, *nicht beweisbare* Notwendigkeit zu geben".[47]

Und im November schrieb er dann wiederum an Macke:

> „Meine Malerei sieht schon recht anders aus gegen jene von dem Sommer […]. Es gelingt mir allmählich, die Farbe zu ‚organisieren', sie vollkommen zum Werkzeug des künstlerischen Ausdrucks zu machen, ohne jede Rücksicht auf ‚Wahrscheinlichkeit' und Lokalfarbe. Daß man dabei nie ‚beliebig' werden kann, ist doch klar, da man ja jede Wirkung verlöre."[48]

Ansatz 3: Wie sieht ein Pferd die Welt?

Für den dritten Ansatz, den Marc für die Deutung seiner Bilder lieferte, ist er berühmt geworden. Dieser ist es, dem nach Marcs Tod am 4. März 1916 der Nachruf Else Lasker-Schülers galt:

> „Der blaue Reiter ist gefallen […] Er war der, welcher die Tiere noch reden hörte; und er verklärte ihre unverstandenen Seelen."[49]

Marc entwickelte parallel zu dem metaphorischen Blick auf das Tier eine zweite Sicht, die der ersten, um einiges älteren diametral entgegenzustehen scheint – ein Zug, der an Marc immer wieder begegnet: er scheint sich zu widersprechen. Denn obwohl es ihm 1907 und noch 1910 nicht um das *Tier* ging, hat seine intensive Beschäftigung mit der Tierwelt offenbar zur Folge, dass er sich für die Frage zu interessieren beginnt, wie eigentlich ein Tier – wie beispielsweise sein sibirischer Schäferhund Russi, den er ausgiebig beobachten konnte – *wahrnimmt.*

> „Wie sieht ein Pferd die Welt oder ein Adler, ein Reh oder ein Hund?"[50]

Und als der genaue, empathische Beobachter, der Marc ist, muss er sich eingestehen, dass es „armselig, seelenlos" ist, wie der gewöhnliche Landschafts- oder Tiermaler Tiere in eine gemalte Landschaft hineinsetzt. Der Grund liege darin, dass wir Tiere gewissermaßen un-empathisch darstellen, ohne „uns in die Seele des Tieres zu versenken." Auf diese Weise bleibe uns der „Bilderkreis" des Tiers verwehrt.

> „Hat es irgendwelchen vernünftigen oder gar künstlerischen Sinn, das Reh zu malen, wie es unsrer Netzhaut erscheint oder in kubistischer Form, weil wir die Welt kubistisch

fühlen? Wer sagt mir, daß das Reh die Welt kubistisch fühlt; es fühlt sie als ‚Reh', die Landschaft muß also ‚Reh' sein. [...] Wie unendlich feinere Sinne muß ein Maler haben, das zu malen!"

Hier offenbart sich eine vollkommen neue Sichtweise auf Tier und Tiermalerei. Zwischen der ersten, metaphorischen, und jener, die sich in diesen, knapp zwei Jahre später entstandenen Worten äußert, liegt eine Veränderung, derer Marc sich bewusst ist und die er selbst, gemeinsam mit Kandinsky, als das Erklimmen und Erreichen eines Gipfel- und Wendepunkts beschreibt.

1912, also in unmittelbarem Zusammenhang mit *Tiger*, thematisiert er diese neue Sichtweise gleich mehrere Male. So erschienen am 7. und 21. März in der Zeitschrift *Pan* Marcs Artikel *Die neue Malerei* und *Die konstruktiven Ideen der neuen Malerei*. Ausgehend von einem Blick auf den Impressionismus, auf van Gogh, Gauguin, Cézanne, Matisse und Picasso stellt Marc dort die programmatische Frage:

„Wer glaubt sich dem Herzen der Natur näher, die Impressionisten oder die Jüngsten von heute?"[51]

Auch wenn er zugibt, dass es für die Beantwortung dieser Frage keine objektiven Kriterien gibt, so reklamiert er für sich selbst und ‚die Jüngsten', dass sie so wie und sogar noch besser als Manet in

„der äußeren Form und Farbe des Pfirsichs oder der Rose ihren Duft zu verraten und ihr inneres Geheimnis fühlbar zu machen suchte[n]."

Worum es bei der Wahl der künstlerischen Mittel letztlich gehe und worüber schon Cézanne nachgegrübelt habe, sei das Bestreben,

„tiefer in die organische Struktur der Dinge zu blicken und letzten Endes ihren inneren, geistigen Sinn [wieder] zu geben."[52]

Anders als den Impressionisten, denen es eigentlich nur um Äußerlichkeiten gegangen sei, suchten Marc und seine Kollegen, „diese innere, geistige Seite der Natur" zu ergründen und darzustellen.

Allerdings hat, wie Marc selbst zugibt, dieses Bestreben zur Folge, dass die Kunst für den Nicht-Fachmann formal kaum mehr verständlich ist. „Daher die oft wütende Stimmung gegen uns und das geistige Tempo, das in der Kunst angeschlagen wird."[53] Marc bedauert dies ausdrücklich. Doch setzt er seine Hoffnung auf die Zukunft und die nächste Generation, „die uns ohne Mühe verstehen und folgen wird."

Gegen einen Vorwurf jedoch wehrt sich Marc explizit: dass die ‚Jüngsten' Kunst nur um des Effekts und der Sensation willen schaffen, dass sie nichts mit der Natur zu tun hätten. Dagegen betont er, dass jede der Formen in ihrer Malerei *der Natur abgerungen* sei, dass die Künstler der Natur keineswegs mit Kälte und Hochmut gegenüber stünden: „Die Natur glüht in unsern Bildern."[54] Nur zeige sich dieser Bezug eben nicht durch bloße Nachahmung eines äußeren Scheins.

Auch den zweiten Aufsatz beginnt Marc mit einem Blick in die Kunstgeschichte. Dabei bezeichnet er *Mimesis*, also die möglichst exakte Nachahmung der sichtbaren Wirklichkeit, nun ausdrücklich als „im besten Falle geistreiches, oft auch ein totlangweiliges Spiel". Inzwischen sei ohnehin die in diese Richtung weisende

„Kunst des Volkes und der Künstler […] in einem kleinen Sarge zu Grabe getragen [worden]: der Kamera."[55]

Die neue Kunst strebe in eine ganz andere, in die geradezu entgegengesetzte Richtung:

> „zurück zu den Bildern des Innenlebens, das die Forderungen der wissenschaftlich faßbaren Welt nicht kennt."

Dabei betont Marc, dass die neue Kunst sich nicht etwa unkritisch der Ausdrucksformen der ‚Primitiven' bediene, denn diese seien rückwärtsgewandt und damit kein adäquater Ausdruck für den Weg in die Zukunft. Andererseits hätte ihre Formwahl auch nichts mit den Erkenntnissen der Gesetze der Naturwissenschaften zu tun: „nicht das Geringste". Stattdessen folge sie einem Drang, der bisher die Kunst nicht im gleichen Maße geprägt habe:

> „Dem Drang nach Erforschung der metaphysischen Gesetze, den bisher fast nur die Philosophie praktisch kannte. [...] Die heutige Kunst sucht sich mit ihren Ausdrucksformen direkt diesem Innenleben zuzuwenden und entkleidet darum ihre Werke von der äußerlichen Hülle, in die ihre Vorgänger, der Geistesrichtung ihrer Zeit folgend, [sie] gesteckt haben."[56]

Spuren dieser Überlegungen finden sich in vielen Bildern Marcs aus dieser Zeit. So wird das in vielerlei Hinsicht dem *Tiger* vergleichbare Bild *Der Stier* (*Abb. 10*), entstanden kurz zuvor im Jahr 1911, in der Literatur frohgemut als „heiliger Stier" bezeichnet, als „Kultfigur, wie sie im Mithrasmysterium* verehrt wurde."[57] Der Bezug ist auf den ersten Blick faszinierend und lädt dazu ein, sich mit diesem spätantiken Kult zu beschäftigen, um herauszufinden, ob Marc mit einem solchen Bezug vielleicht etwas Bestimmtes ausdrücken wollte. Dabei liegt es viel näher, sich, statt mit weithergeholten Bezügen auf fremdartige Kulte und Mysterien, zunächst mit Marc selbst und seiner

Gedankenwelt zu beschäftigen. Derselbe Autor, der einen Mithraskult im *Stier* zu erkennen meinte, zitierte die berühmte Passage aus einem Brief Marcs an den Verleger Piper aus dem Jahr 1908:

> „Gibt es für Künstler eine geheimnisvollere Idee als die, wie sich wohl die Natur in dem Auge eines Tieres spiegelt? Wie sieht ein Pferd die Welt oder ein Adler, ein Reh"[58]

oder eben ein Stier? Es gibt sogar Werke, in denen Marc diese Frage ganz unmittelbar in Farben und Formen umgesetzt hat, beispielsweise in dem wunderbaren, wie *Tiger* 1912 entstandenen Bild *Der weiße Hund* (*Abb. 11*) und in *Pferd in Landschaft* (*Abb. 12*) im Essener Museum Folkwang.

Es ist innerhalb der Deutungsgeschichte der Bilder Franz Marcs ein weit verbreitetes Phänomen: Jeder kennt die Passagen aus Marcs Schriften, in denen er davon spricht, ‚mit den Augen der Tiere' sehen zu wollen, beispielsweise die Worte über Marcs Versuche, sich

> „pantheistisch einzufühlen in das Zittern und Rinnen des Blutes in der Natur, in den Bäumen, in den Tieren, in der Luft."[59]

Aber kaum jemand scheint sie ernst zu nehmen. Denn wenn es in den Bildern um dieses ‚pantheistische* Sichhineinfühlen' in die Seele der Tiere geht, dann kann es nicht zugleich um den heiligen Stier des Mithraskults gehen. Schließlich weiß der Stier weder etwas von Heiligkeit noch vom spätantiken Mysterienkult. Auch können dann im *Tiger* die kantigen und spitzigen Formen um das Tier herum nicht für die „spitze[n] Reißzähne und dolchartige[n] Krallen" stehen, „mit denen der Tiger sein Opfer in blitzschnellem Zugriff töten und zermalmen kann".[60] Dies wären Symbole für die Gewalt des Raubtiers, die zwar der Mensch, nicht aber das Raubtier selbst so wahrnehmen würde.

Wenn wir, statt uns romantischen, letztlich aber zu einfachen, floskelhaften Assoziationen zu überlassen, den durchaus nicht eben naheliegenden Gedanken Marcs selbst folgen, die er sich nach langem Ringen vor allem über die Verwendung der Farben machte, werden wir zu einem anderen Ergebnis und einer anderen Sichtweise auf diese Bilder kommen als jene althergebrachten, an der Oberfläche verharrenden Deutungen.

FRANZ MARCS „TIGER“ III

Die Lektüre der Schriften Marcs zeigt, wie lohnend es ist, sie in die Betrachtung seiner Malerei einzubeziehen. Mehr noch: Sie offenbart eine Tiefe und einen Reichtum der Reflexion, die für die Beschäftigung mit dem gedanklichen Hintergrund des Schaffens des Künstlers höchst förderlich ist.

Darin äußert sich zugleich ein entschieden moderner Zug Marcs: Die Kunst der Moderne, zumindest jene seit Cézanne (1839–1906), erschließt sich nicht mehr von selbst. Zwar bleibt es dem Betrachter seit der Wende zum 19. Jahrhundert unbenommen, die Offenheit der Kunstwerke in der ihm persönlich passend erscheinenden Weise zu nutzen und die Bühne des Kunstwerks seinen eigenen Bedürfnissen entsprechend zu bespielen. Aber wenn wir nach dem fragen wollen, was einen Künstler des fortgeschrittenen 19. oder des 20. Jahrhunderts zu seiner konkreten Formenwahl veranlasst hat, warum er also so arbeitete, wie er arbeitete, und nicht anders, dann kommen wir nicht umhin, uns mit seinem Konzept zu beschäftigen.

Im Übrigen hängt daran auch die Frage nach der modernen, postmodernen und aktuellen Kunst überhaupt: Immer wieder wird danach gefragt, wie eigentlich beurteilt werden kann, ob etwas Kunst ist, reine Dekoration oder sogar ein Bluff. An Franz Marcs auf den ersten Blick dekorativen Werken wird deutlich, dass diese Frage nicht allein durch die Betrachtung seiner Bilder beantwortet werden kann. Was seine Werke zu *Kunst*werken macht, sind nicht die Farben und die Harmonie der Komposition. Warum diese Bilder *Kunst* sind – und warum auch die berühmt-berüchtigten, von Joseph Beuys zurückgelassenen Badewannen, Müllhaufen, Butterberge, Filzmatten und beschriebenen Schultafeln *Kunst* sind –, hängt mit der Tatsache zusammen, dass dahinter ein künstlerisches Konzept, letztlich eine ganze künstlerische Existenz steht.

Anders gesagt: Wenn einem Galeristen oder Kunstkenner ein Werk präsentiert wird – sei es gegenständlich oder ungegenständlich, abstrakt oder wirklichkeitsgetreu, handle es sich um ein Gemälde, eine Skulptur, eine Installation, ein Readymade* oder gar eine Performance, sei es schön (wie Marcs Werke) oder hässlich (wie die Werke Francis Bacons [1909–1992]) –, mit der Bitte, spontan zu beurteilen, ob dies *Kunst* sei oder nicht, so steht er vor einer unlösbaren Aufgabe. Denn seit die Kunst um 1800 in die Subjektivität, Individualität und Offenheit entlassen wurde, muss sie, statt durch Schönheit oder die Vollkommenheit der Ausführung zu begeistern, ein künstlerisches *Konzept* verkörpern, für das eine authentische, dem Anliegen angemessene Form gefunden worden ist. Nur diese *Form* zu sehen, ohne das dazugehörige Konzept zu kennen, reicht für die Beurteilung *als Kunst* nicht mehr aus.

Bei Franz Marc wird dies unmittelbar deutlich. So beeindruckt beispielsweise das Bild *Tiger* durch die Intensität der Präsenz des Tiers und durch ein buntes Farbenspiel – aber ist es deswegen *Kunst*? Was unterscheidet ein solches Bild von reiner Dekoration? – Warum sind die Fotographien der großen Kunst-Fotographen *Kunst*, und die Bilder, die wir im Baumarkt samt passendem Rahmen und Passepartout für wesentlich weniger Geld kaufen können, nicht?

Die Antwort lautet: Was moderne, postmoderne und zeitgenössische Kunst zu *Kunst* macht, ist das *Konzept*, das ihrem Entstehungsprozess zugrunde liegt. Seine *Form* muss diesem entsprechen, und wenn das Konzept Unvollkommenheit verlangt, so muss die Form unvollkommen sein.

Ein solches Konzept lässt sich gewöhnlich aber nicht unmittelbar aus den Werken selbst ablesen. Es ist meist nur unter Zuhilfenahme einer größeren Zahl von Werken und weiterer, gegebenenfalls schriftlicher oder mündlicher Äußerungen des Künstlers zu erschließen. Wir würden die Werke von Joseph Beuys noch immer nicht verstehen und schon gar nicht für Kunst halten, wenn wir nicht sein Konzept kennen würden (und wer dieses nicht kennt, hält Badewannen und Fettecken noch immer *nicht* für Kunst). Und bei Franz Marc steht die dekorative Wirkung seiner Bilder dem Verständnis seines Konzepts sogar im Weg. Vielleicht ist *das*, neben dem fragmentarischen Charakter des Werks des schon mit 36 Jahren gefallenen Künstlers, der Grund dafür, dass selbst die Forschung angesichts des Marc'schen Werks seltsam oberflächlich bleibt. So fragmentarisch das Werk des Mitbegründers des *Blauen Reiters* geblieben ist, so unbefriedigend sind noch immer die Erkenntnisse, die man über Franz Marc und seine Kunst hat.

Zumal es Marc selbst dem Betrachter nicht eben leicht macht. Je mehr wir seine Schriften in die Betrachtung und Deutung einbeziehen, desto schwieriger wird es. Marc widerspricht sich selbst, wie sollte die Forschung sich dann einig sein? Einerseits sagt Marc, prismatische Farbigkeit und der Kubismus bedeuteten ihm nichts, an anderer Stelle heißt es, das Prisma sei das wichtigste seiner Werkzeuge, und in *Tiger* nutzt er eindeutig kubistische Formelemente. Einerseits spricht er den von ihm verwendeten Farben symbolische Werte zu, andererseits sind diese aber in seinen Werken bisher kaum wirklich festzumachen. Aufgrund alles dessen ist eine kongruente, eindeutige Lesart seiner Bilder – auch und gerade von *Tiger* – nicht möglich.

Aber Marcs schriftlich hinterlassene Aussagen stehen nicht im luftleeren Raum. Wenn der Maler auch seine Reflexionen gelegentlich als „Journalismus“ bezeichnete gegenüber seinem künstlerischen Werk – „nur unser Malen hat Sinn“[61] –, so stehen beide doch zueinander in einer Beziehung, aus der wir für das Verständnis der Bilder einiges entnehmen können. Auch dem Bild *Tiger* kommen wir auf diese Weise ein Stück näher, können vielleicht gar Bedeutungen darin finden, die sich nicht oder nur schwer erschließen lassen, wenn wir uns auf die bloße Anschauung beschränken.

Allerdings sei gleich zu Beginn dieses schwierigsten Kapitels dieses Buchs gesagt: Die folgenden Ausführungen werden Schlüsse aus Anregungen ziehen, von denen niemand sagen kann, ob sie von Marc genau so beabsichtigt waren. Andererseits müssen wir ihn, wie wir inzwischen wissen, nicht erst um Erlaubnis fragen: Moderne Kunst ist programmatisch offen.

In jedem Fall werden wir versuchen, möglichst nahe an Marcs Vorgaben zu bleiben und so dem, was er sich vielleicht während des Schaffensprozesses gedacht hat, Ansätze für Deutungen des Bilds oder seiner Komponenten zu entnehmen – selbstverständlich ohne einen Anspruch auf Ausschließlichkeit oder Vollständigkeit dieser Deutungen.

Deutung 1: Anthropologischer Subtext*

Marc wählt als Motiv für sein Bild eine Raubkatze. Ob es sich um einen Tiger, einen Panther oder einen Leoparden handelt, mag dahingestellt bleiben, ist wohl auch nicht erheblich. Wichtig ist, dass es sich um ein Raubtier handelt.

Tiere als Metaphern menschlicher Charakterzüge darzustellen, hat schon vor dem zwanzigsten Jahrhundert eine lange Tradition. So erkannte im Mittelalter jeder Betrachter in der Darstellung eines Hunds mühelos den Verweis auf den Neid, im Bild eines Bocks auf die Wollust und im Bären ein Symbol für den Zorn. Sicher gab es neben solcher christlichen Metaphorik auch eine weltliche; vermutlich ist die Holzschnittfolge von Wildpferden, die Hans Baldung Grien 1534 schuf (*Abb. unten*), in diesem Sinn als verhältnismäßig drastische Darstellung der Dramatik der Triebe, als „eine desillusionierte Begegnung mit der wirklichen Natur des Menschen“ zu verstehen.[62] Das ist umso interessanter, als Reinhard Piper in sein Buch *Das Tier in der Kunst*, in dem auch Marcs Bronze-Pferdegruppe abgebildet war, einen Holzschnitt aus dieser

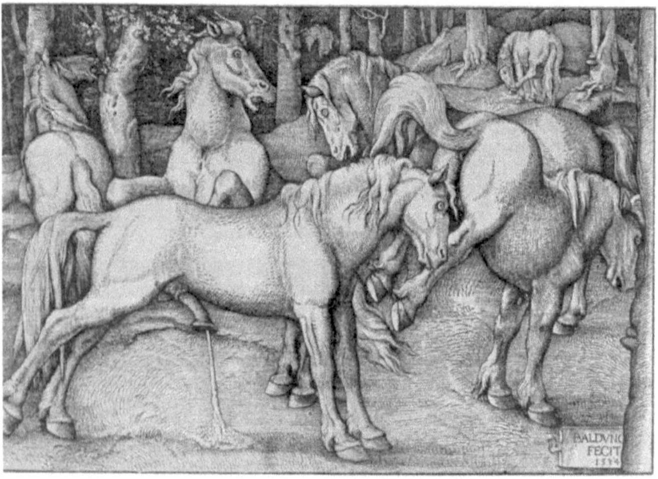

Hans Baldung Grien, Wildpferde im Wald, 1534

Folge aufgenommen hatte, so dass wir mit Sicherheit sagen können, dass auch Marc ihn kannte. Gerade die Darstellungen Baldungs zeichnen sich wegen der „anthropomorph* anmutende[n] Mimik“ der Pferde, also durch eine starke ‚Vermenschlichung‘ aus, dem eine entsprechende Metaphorik zugrundeliegen wird.

Wenn Marc in seinen Tierdarstellungen, wie wir unter anderem seinem Brief vom 22. September 1907 entnehmen, den Menschen mitdenkt oder -fühlt, müsste dies auch für das Bild *Tiger* gelten. Dann ginge es bei der Darstellung der Raubkatze im Dickicht des Walds, die gestört und aufgeschreckt wird und sich wachsam-lauernd umsieht, um einen kreatürlichen Vorgang, um ‚Natur‘ in der Wahrnehmung des Menschen, so wie van Gogh und Signac – beides *keine* Tiermaler – es darzustellen vermochten.

Und nun wird interessant, was wir bei unserer Beschreibung beobachtet haben: Was wir auf dem Bild sehen, ist nicht die souveräne Gestalt eines Tigers, der hoheitsvoll-majestätisch um sich blickt oder aggressiv zum Sprung ansetzt. Vielmehr sehen wir das Raubtier vor der Entscheidung zwischen Angriff, Verbleib in der Deckung oder Flucht, in wachsamer Offenheit, alle Sinne gespannt, sich seiner Möglichkeiten wie seiner Grenzen bewusst – ganz mit sich und der umgebenden Natur eins, im inneren Gleichgewicht, in der vollkommenen Totalität seiner Kräfte. Anders als der Mensch es sein mag, ist es sogar souverän genug, den Rückzug anzutreten, wenn es geboten erscheint. Der „organische *Rhythmus* aller Dinge“, von dem Marc spricht, das „pantheistische[] Sichhineinfühlen“ offenbart ihm gerade dieses Einssein, das er künstlerisch ausdrückt, indem er das Raubtier in den gleichen, kubistisch-kristallinen Formen darstellt wie die Natur, so dass die entstehenden Formen und Linien wie auch die Farben ganz natürlich miteinander harmonieren.

Tatsächlich hat man den Eindruck: Legte die Raubkatze ihr Haupt nieder und schlösse die Augen, so ginge sie in den Formen der Natur vollkommen auf.

Ein solches Einssein mit der Umgebung, der ‚Natur', ist in Marcs Augen offenbar ein Ideal, das er heraufbeschwört, nach dem er sich sehnt. Auch mit diesen Gedanken ist er nicht der erste. Er befindet sich damit in der Gesellschaft vieler, die die Entfremdung des Menschen im Zuge der Industrialisierung beobachteten. Bereits im 18. Jahrhundert hatte Immanuel Kant darüber nachgedacht, und im Anschluss daran hat Friedrich Schiller in seinen philosophischen Schriften eben diesen verlorenen Zustand innerer Einheit thematisiert. „Es ist eine durch sie dargestellte Idee, was wir in ihnen lieben", hatte Schiller 1793/94 geschrieben.

> „Wir lieben in ihnen [...] das ruhige Wirken aus sich selbst, das Dasein nach eignen Gesetzen, die innere Notwendigkeit, die ewige Einheit mit sich selbst."[63]

Es ist vermutlich kein Zufall, dass gerade Hinweise auf die innere Notwendigkeit in Marcs Reflexionen zu seiner Kunst immer wieder begegnen. Für ihn verband sich der Gedanke der ‚Notwendigkeit' untrennbar mit dem der Einfachheit; so wurde es für ihn das höchste Ideal,

> „ein Stück einfachster Natur zu malen und dahinein allen Glauben und alle Sehnsucht hineinzumalen",[64]

ohne vorausgehende, theoretisierende Reflexion, rein instinktiv.[65]

Als Vorbild für ein solches instinktives Schaffen dienten ihm die so genannten primitiven Völker. Diese hatten in Marcs wie in Schillers Augen noch jene innere Einheit, die sie der Natur in ihrem Urzustand zuschrieben. Schon Gauguin und Picasso waren aus dem gleichen Grund von ihnen fasziniert und hatten den ‚Primitivismus' als Kunstform geschaffen: das ruhige Wirken aus sich selbst, das Dasein nach eigenen Gesetzen, die innere Notwendigkeit, die ewige Einheit mit sich selbst – Schiller hatte eine Rückkehr dorthin unter den Bedingungen der Kultur für nahezu unmöglich erklärt und Gauguin hatte dies in der Südsee am eigenen Leib erfahren müssen.[66] Marc gewährt uns mit *Tiger* einen kurzen, intimen Blick in diese Welt, aber auch bei ihm bleibt der sehnsüchtige Mensch, der unter seinem Verlust leidet, letztlich davon ausgeschlossen: Er steht hinter einer Barriere und betritt die Welt als Störenfried. Indem er sie betritt, beschädigt er sie, und diese Beschädigung scheint aus der Haltung und dem Blick des Tiers hervorzugehen.

Deutung 2: Gelb und Blau – das weibliche und das männliche Prinzip

In eine andere Richtung weist die Farbsymbolik, die Marc 1910/11 entwickelt hat und die sich in *Tiger* wiederfindet.

Gelb

Die Raubkatze fällt vor allem durch das leuchtende Gelb seines Fells auf. In seinem Brief vom 12. Dezember 1910 hatte Marc August Macke gegenüber erklärt, dass diese Farbe bei ihm für das „weibliche Prinzip" stehe.[67] Wenn er dort allerdings davon spricht, dass dieses Prinzip „sanft, heiter und sinnlich", dass das „Weib als Trösterin, nicht als Liebende" gemeint sei, so scheint dies über die Darstellung des eher scheuen, zur Flucht oder zum Angriff bereiten Tiers hinauszugehen. Immerhin aber bleibt die Bestimmung im Allgemeinen: Gelb ist „das Weib", was er an mehreren Stellen des Briefs wiederholt.

Ohne zu sehr ins Detail gehen zu wollen, spielt die Frau gerade um die Jahrhundertwende in der (von Männern dominierten) Geistes- und Kulturwelt eine ungeheure Rolle. Dabei ist es bekanntermaßen gerade die Widersprüchlichkeit zwischen der Heiligen und der Hure, die die Männerwelt in Aufruhr versetzt.

Franz von Stuck, Professor an der Münchener Akademie und dort Lehrer Kandinskys und Klees, malte um 1913 die Schauspielerin Tilla Durieux (1880–1971) in der Rolle der homerischen Zauberin Circe. Das Bild bringt

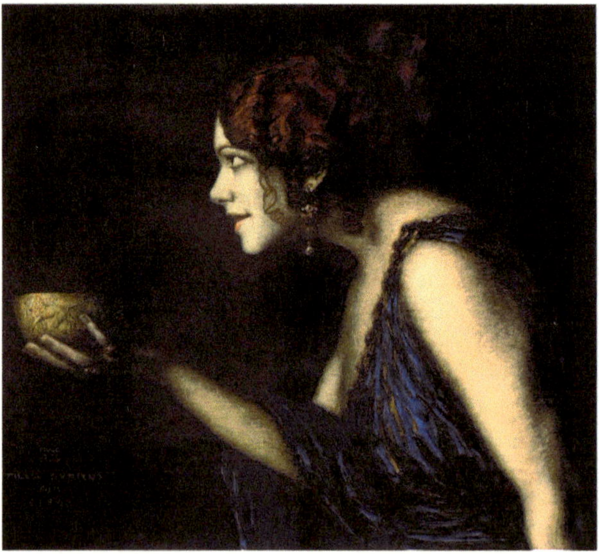

Franz von Stuck, Tilla Durieux als Circe, um 1913; Berlin, Staatliche Museen Berlin – Preußischer Kulturbesitz, Nationalgalerie.

die ganze Widersprüchlichkeit dieses Frauenbilds zum Ausdruck: Die Zauberin mit dem flammendroten, geradezu lodernden Haar und auf Zerbrechlichkeit hinweisenden, blassen Teint ist so schön, wie der Kontakt mit ihr tödlich ist. Im Bild neigt sie sich dem imaginierten Besucher scheinbar unterwürfig, mit weit herabhängendem Dekolletee zu, doch weiß der mit Homers *Odyssee* vertraute Betrachter um den unabwendbar-tragischen Ausgang dieser verführerischen Willkommensszenerie.

Die Darstellung eines sprichwörtlich gefährlichen Raubtiers ausdrücklich als „Weib“, das zugleich bedrohlich *und* tröstend, sanft, heiter und sinnlich auf den Mann wirkt, würde die Ambivalenz des Frauenbilds der Jahrhundertwende in einer Weise treffen, die für Marc nach bisherigem, kunsthistorischem Kenntnisstand überraschend sein mag, angesichts seiner erotischen Verstrickungen mit zeitweilig gleich drei Frauen, von denen er zwei heiratete, aber nur mit einer leben wollte, eigentlich jedoch nur folgerichtig erscheint. Gerade in den Jahren zuvor hatte Marc diese ‚Verstrickungen‘ in ihrer ganzen Widersprüchlichkeit, mit all ihren Reizen und Komplikationen ausgekostet. Der im September 1907 von ihm erwähnte „Tränenhügel“[68] als Bezeichnung für einen 1906 gemeinsam mit seinen Geliebten Maria Franck und Marie Schnür verbrachten, offenbar leidvollen Aufenthalt auf einer Alm am Kochelsee scheint für Maria und ihn wie ein Mahnmal für eine der besonders bedrückenden Erfahrungen gestanden zu haben. Immerhin datiert Marc zu dieser Zeit den Beginn seiner wirklichen, dauerhaften Liebe zu seiner späteren Frau.

Rot

Zu der in jenem Brief vom Dezember 1910 entworfenen Farbsymbolik gehört darüber hinaus das Rot. Dieses stehe für „die *Materie*, brutal und schwer“, heißt es dort. Es werde geweckt, wenn Blau und Gelb zu Grün gemischt würden: so erwache das „Rot, die Materie, die ‚Erde‘, zum Leben.“

Tatsächlich haben diese Formulierungen etwas durchaus Animistisches* oder Pantheistisches*, so wie Marc es angekündigt hatte, als er schrieb, er wolle sich „pantheistisch ein[ ]fühlen in das Zittern und Rinnen des Blutes in der Natur.“[69]

Es mag Marcs Vorstellung von der „uralten physiologischen Theorie über das ‚Weib‘“ gewesen sein, die ihn dazu bewog, den Unterleib des das Weibliche repräsentierenden Raubtiers in *Tiger* nicht allein kompositorisch ähnlich zu betonen, wie er es mit dem Kopf tat (vgl. S. 45f), sondern ihn darüber hinaus mit Rot, der Farbe der Erde, der Materie, des Lebens – im weitesten Sinn: des Bluts und der Geburt – zu umfangen. „Gelb (das Weib!)“ stehe „der Erde Rot näher“ als das Blau, hatte er geschrieben. Es ist die in der männlichen Vorstellung besondere Verbindung der Frau mit der Erde, die sich hier manifestiert. Das dargestellte Tier, zugleich „das Tier ‚Mensch‘“[70] bzw. das ‚Weib‘, die Frau wird auf diese Weise gekennzeichnet durch ihre besondere Verbundenheit mit der Materie, der Erde, aus der das Tier durch die zum Teil unklaren Abgrenzungen der Farbflächen in diesem Bereich geradezu aufzusteigen scheint.

Blau

Schließlich steht dem Gelb, dem weiblichen Prinzip, im Brief wie im Bild das Blau gegenüber. Blau, so hatte Marc geschrieben, sei das „männliche Prinzip, herb und geistig." Blau steht für den Mann. Überträgt man seine weiteren, vordergründig maltheoretischen Ausführungen auf das Verhältnis von Mann und Frau, so ergeben sich interessante Einblicke in das Marc'sche Gefühlsleben: Die ‚Verbindung' des kühlen, geistig veranlagten Manns (Blau) mit der Erde (Rot) ist denkbar als ein Hinweis auf Sexualität. Wenn das zutrifft, ist das Ergebnis höchst bemerkenswert, denn die Mischung aus Blau und Rot ergibt Violett, in Marcs Worten Zeichen für „unerträgliche[] Trauer". Aus dieser kann der Farbtheorie zufolge nur „das versöhnende Gelb" erlösen: mithin die Zärtlichkeit der Frau.

Auch im Bild spielt Blau – das männliche Prinzip, der Mann – eine wesentliche Rolle. Es bildet jene Barriere, hinter der der Betrachter steht und über die hinweg er in diese ihm nicht zugängliche Welt hinein sieht: die Welt der mit der Materie, der Erde verbundenen Frau.

Aber dieses Blau verbleibt nicht passiv am unteren Bildrand und damit außerhalb des Raums, in dem sich das Raubtier, halb gefährlich, halb verlockend, aufhält. In einer langgestreckten, schmalen Form dringt es bis weit in die gelbe Fläche vor, die den Unterleib des ‚Raubtiers' bildet. An seiner Spitze wird es von einem ganz leichten, roten Schimmer wie von einem Nimbus umgeben.

An dieser Stelle liegt ein Blick auf Marcs persönliche Ansichten bezüglich des Körperlichen und – was aufgrund der Quellenlage einfacher ist – des Geistigen nahe. Letztere verbanden ihn eng mit Kandinsky.

Der von einer strenggläubigen, calvinistischen Mutter erzogene Franz Marc, der einst Pfarrer hatte werden wollen und nun mit seinem freizügigen Lebensstil nicht wenig moralische Bedenken auf sich zog, muss die Verstrickung in die ‚Materie' zumindest unterschwellig als ‚Befleckung' erlebt haben. So will es die christliche Sexualmoral. Zugleich konnte und wollte er sich von der Verführungskraft des ‚Weibes' nicht lösen – suchte vielmehr offenbar gerade dort Trost. Vor diesem Hintergrund wird sein Wort von der „unerträglichen Trauer" des Violett verständlich: Wenn das Geistige, das im Mann (Blau) verkörpert ist, mit der Erde (Rot), die für die Sexualität stehen mag, ‚befleckt' wird, wird der Mann von Trauer (Violett) ergriffen – das Violett kennzeichnet im Bild die hinter dem Raubtier aufsteigende, überraschend prägende, aufgrund seiner geometrischen Form aus dem Gesamtgefüge herausragende Pyramide, die die phallusartige, blaue Form am unteren Bildrand aufgreift und sie über das Bild hinaus trägt.

Interessanterweise steht die Frau, dem Bild *Tiger* und Marcs Farbsymbolik zufolge, *zugleich* für den Auslöser dieses widersprüchlichen Vorgangs wie für den Trost, der ihn aus der Trauer wieder herausführen kann.

An vielen Stellen in seinen Schriften spricht Marc dem Geistigen eine ausdrücklich reinigende Wirkung zu. Es ist fast auffällig, wie wichtig ihm eine solche Reinigung ist, doch ist sie nicht zuletzt auf der Grundlage des Konflikts zwischen der Bindung an die Materie und dem Streben nach dem Geistigen zu verstehen, das Kandinsky in ihm noch bestärkt haben mag.

Grün

Ob im Übrigen mit dem Grün, das durch die Mischung – man könnte auch sagen: Vereinigung – von Blau (dem Mann) und Gelb (der Frau) entsteht, im Bild ein Ausweg aus der stringenten Bewegung von links unten nach rechts oben und damit metaphorisch aus der Verstrickung in Trauer und Melancholie gemeint ist, mag dahingestellt bleiben.

Von Maria Marc, geborene Franck,[71] ist ihr intensiver, aber unerfüllt gebliebener Kinderwunsch überliefert. Von Marc selbst wissen wir nichts darüber.

Deutung 3: Poesie des Teichhuhns

Der dritte Deutungsansatz führt von Symbolik und Metaphorik zurück zum eigentlichen Gegenstand der Darstellung: dem Tier. An mehreren Textstellen ist Marcs inniges Verhältnis zur Natur ablesbar.

Es mag eine Frucht der intensiven Beobachtung der Natur gewesen sein, dass er im Laufe der Zeit immer stärker die Distanz empfand, die zwischen dem Erleben der Tiere und dem des Menschen besteht. Manche seiner Äußerungen klingen geradezu ungehalten, wenn er sich und seinen Lesern wie den Betrachtern seiner Bilder die Frage vorlegt, wie eigentlich ein Tier sieht. Dabei ist eine Frage wie

> „Wie sieht ein Pferd die Welt oder ein Adler, ein Reh oder ein Hund?“[72]

noch leicht nachvollziehbar, doch die folgende Überlegung ist schon schwieriger zu verstehen:

> „Hat es irgendwelchen vernünftigen oder gar künstlerischen Sinn, das Reh zu malen, wie es unsrer Netzhaut erscheint oder in kubistischer Form, weil wir die Welt kubistisch fühlen? Wer sagt mir, daß das Reh die Welt kubistisch fühlt; es fühlt sie als ‚Reh‘, die Landschaft muß also ‚Reh‘ sein.“

Marc versenkt sich in dieser Spätzeit seines Schaffens – die Zitate stammen aus dem Winter 1911/12, also aus dem unmittelbaren Zusammenhang der Entstehung von *Tiger* – so sehr in die Erlebniswelt der Tiere, dass er eine

Vermenschlichung des Blicks bewusst vermeiden kann. „Ich sah“, so schreibt er Anfang 1915 in einem seiner Aphorismen

> „das Bild, das in den Augen des Teichhuhns sich bricht, wenn es untertaucht: die tausend Ringe, die jedes kleine Leben einfassen, das Blau der flüsternden Himmel, das der See trinkt, das verzückte Auftauchen an einem anderen Ort.“[73]

Marc ist in seiner Empathie inzwischen so weit gekommen, dass er meint, sich in das Erleben der Tiere hineinfühlen zu können. „Er war der, welcher die Tiere noch reden hörte; und er verklärte ihre unverstandenen Seelen“, so schrieb Else Lasker-Schüler nach seinem Tod über ihn.[74]

Allerdings gibt *Tiger* kaum ‚objektive‘ Anhaltspunkte für die Beantwortung der Frage, wie eine Raubkatze die Welt tatsächlich sieht. Hier mündet das Bild in die angesprochene Offenheit des modernen Kunstwerks. Das Tier mag sich einerseits eins fühlen mit seiner ‚Welt‘, mit der Natur, in der es sich befindet. Andererseits mag es sich bedroht fühlen, was durch die spitzen Formen angedeutet sein könnte, die es umgeben. Zweifellos taucht es sehr tief ein in diese Natur, ist aber zugleich darin nicht allein geschützt, sondern auch bedroht. Es kann selbst aggressiv vorgehen, muss aber ebenso gewärtig sein, selbst angegriffen zu werden. Das Raubtier fühlt die Welt als ‚Raubtier‘, also muss die Landschaft ‚Raubtier‘ sein, um Marcs eigene Formulierung in leicht abgewandelter Form zu verwenden.

Eines hat Marc in diesen Jahren der intensiven Naturbeobachtung in jedem Fall gelernt: er muss seine Sinne bis ins Unendliche schärfen, um auch nur eine Ahnung von der Art und Weise zu bekommen, wie das Tier die

Welt sieht. Und als Künstler muss er nach ganz neuen, unverbrauchten künstlerischen Mitteln suchen, um dieser Art des Sehens adäquaten Ausdruck verleihen zu können.

Denn es *gibt* unterschiedliche Arten des Sehens. Rehe beispielsweise sind Bewegungsseher, sie können nur sehen, was sich bewegt. Auch gibt es bestimmte Farben, die sie nicht sehen können – aber wie sieht die Welt für sie dann tatsächlich aus? Eulen sehen nur, was sich in einiger Entfernung von ihnen befindet. Viele Greifvögel sehen auf extreme Distanz kleinste Einzelheiten, Katzen sehen im Dunkeln und einige Vögel, die von flugfähigen Insekten leben, sehen extrem schnell.

Und dabei ist Sehen nicht allein eine Frage der Optik, sondern ebenso der Erfahrung: Für ein wehrloses Reh bedeutet jede wahrgenommene Bewegung eine potentielle Gefahr und veranlasst zur Flucht, für einen wehrhaften Bären am Wasser ist sie eher ein Zeichen für Beute und zieht ihn an. Die Möglichkeiten scheinen unendlich zu sein.

Vermutlich hat sich Marc, als er mit der Arbeit an *Tiger* begann, gefragt, wie eine Raubkatze die Welt sieht. So ähnlich scheint er es ja im Zusammenhang mit *Der weiße Hund* (*Abb. 11*) und *Pferd in Landschaft* (*Abb. 12*) getan zu haben, wie auch zweifellos dieser Gedanke die berühmte *Gelbe Kuh* (1911; New York, Solomon Guggenheim Museum) und den *Blauschwarzen Fuchs* (1911; Wuppertal, Von der Heydt-Museum) geprägt hat. Vielleicht ist der vermeintlich ins unbestimmbare Nichts weisende Blick des Raubtiers in *Tiger* Marcs Eingeständnis, dass er nach all seinen Bemühungen die Antwort auf die Frage in diesem Fall schlichtweg nicht weiß. Viele Hinweise auf dem Bild führen immer wieder zu der Erkenntnis, dass der Mensch ausgeschlossen ist aus dieser ‚Welt' und ihrer Art der Wahrnehmung. Wer das Tier nicht vermenschlichen will, muss sich vielleicht irgendwann eingestehen, dass es ‚*die* Welt' nicht gibt, sondern dass der Mensch in *seiner* Welt lebt und das im Dickicht des Walds versteckte Tier in einer *anderen* und dass diese unterschiedlichen ‚Welten' geprägt werden durch die verschiedenen Arten des Sehens.

Wenn der Mensch es dennoch unternimmt, sich der Welt des Tiers zu nähern – das jedenfalls scheint am Ende aus dem Bild hervorzugehen –, so ist es, unabhängig von den Aussichten auf einen möglichen Erfolg, unbedingt notwendig, von sich selbst und seinen eigenen Erwartungen abzusehen und sich stattdessen zu sensibilisieren für die Begegnung mit einer Welt, die nicht ‚Mensch' ist und nicht fühlt, wie der Mensch es tut, sondern entweder ‚Reh' oder ‚Pferd' oder ‚Adler' oder ‚Hund' – oder eben Teichhuhn oder Raubkatze.

EPILOG

Innerhalb seiner künstlerischen Entwicklung steht Marc nach der Entstehung von *Tiger* an der Schwelle zur Abstraktion. Wie Kandinsky ist er davon überzeugt, dass dieser Schritt nicht allein seinen persönlichen Fortschritt hin zu einer ‚reinen' Malerei, sondern einen wesentlichen Entwicklungsschritt innerhalb der Geschichte der gesamten Menschheit darstellt.

Bisher habe die Kunst, so beschreibt er es in einem erhalten gebliebenen Textfragment, die Welt dargestellt, wie sie sie sah, fühlte und wollte. Der Künstler habe sich dabei vor allem selbst im Blick gehabt – „alles hat er dem einen Ziel geopfert."[75] Was er damit geschaffen habe, sei letztlich jedoch ein *homunculus* gewesen, ein Ersatz, ein Schatten. An die Stelle der ‚göttlichen Kraft' habe der Mensch ein Surrogat gesetzt: statt sich des Geists zu bedienen, habe er sich eine Technik geschaffen.

Die Bedeutung der Schwelle, von der Marc glaubt, dass der Mensch an ihr steht, wird nicht zuletzt dadurch ersichtlich, dass sich Marc in der ersten Fassung des Texts einer weihevollen, geradezu biblischen Sprache bedient, wenn er mit prophetischem Enthusiasmus verkündet:

> „Die Zeiten sind erfüllt."

Marc streicht diesen Satz allerdings wieder und ersetzt ihn durch eine Formulierung bzw. ein Bild, das er inhaltlich mit Wassily Kandinsky teilt: „Der Berg ist erklommen."

Und er geht sogar noch weiter: Der Berg sei nicht nur erklommen, der Gipfel sei sogar schon überschritten:

> „Wir leben schon auf der ‚anderen Seite'".

Diese andere Seite zeichne sich dadurch aus, dass der Mensch und mit ihm die Kunst nicht mehr nach sich selbst fragt, nach seinem Wissen und Können, der „Technik des Daseins". Bisher sei die Kunst gefangen gewesen in einem System des Nützlichkeitsdenkens. Sie habe im Dienst gestanden, als Vorwand für etwas Anderes gedient.

Nun aber, da die Zeit erfüllt sei, werde sie befreit aus ihren Verstrickungen. Sie werde nicht mehr zweckentfremdet, denn die Kunst sei nicht Technik oder Mittel zum Zweck, sie sei vielmehr „metaphysisch".

Und dann folgt der oft zitierte, wiederum prophetische Satz, der den Gedanken der ‚Animalisierung' womöglich noch ein wenig weiter treibt:

> „Wir werden nicht mehr den Wald oder das Pferd malen, wie sie uns gefallen oder scheinen, sondern *wie sie wirklich sind*, wie sich der Wald oder das Pferd selbst fühlen, ihr absolutes Wesen, das hinter dem Schein lebt, den wir nur sehen; es wird uns soweit gelingen, als es uns gelingt, den λόγοζ [*logos* = ‚Wort' oder ‚Sinn', vielleicht ‚Wissen'] von Jahrtausenden beim künstlerischen Schaffen zu überwinden."

In allen Formulierungen wird deutlich, dass Marc auf die Zukunft abzielt und dass diese Zukunft Gegenwart und Vergangenheit bei weitem übertreffen, den Ballast der Geschichte abwerfen und zu etwas Neuem, Einzigartigen führen wird. Worin sich aber diese Zukunft von dem unterscheidet, was bis hierhin war, und was die Herausforderung an den ‚neuen Menschen' sein wird, beschreibt Marc so:

> „Wir müssen von nun an verlernen, die Tiere und Pflanzen auf uns zu beziehen und unsre Beziehung zu ihnen in der Kunst darzustellen. Das ist vorbei, muß vorbei sein oder wird wenigstens eines Tages, – oh der glückliche Tag! –

vorbei sein. Jedes Ding auf der Welt hat *seine* Formen, seine Formel, die wir nicht mit unsern plumpen Händen abtasten können, sondern die wir intuitiv in dem Grade fassen, als wir künstlerisch begabt sind."

Das klingt wie ein Abschluss dessen, was Marc mit seinem Brief an Maria Franck am 22. September 1907 angedacht hatte. Tiere und Pflanzen dienten damals metaphorisch der Darstellung des Menschen und halfen dabei, diesen in seine Kreatürlichkeit zurückzuführen. Sie gewannen ihren Sinn durch den Bezug auf den Menschen. „Das ist vorbei [...] – oh der glückliche Tag!" Nun erscheint ihm diese Form der Indienstnahme wie ein Missbrauch, eine Beschmutzung oder gar Schändung: Der Künstler soll stattdessen seine ‚unendlich verfeinerten Sinne' dafür nutzen, sich der Natur in aller Behutsamkeit zu nähern, *ohne* sie zu verletzen.

Das Raubtier in *Tiger* mag ein Beispiel für diese unendlich verletzbare Natur sein. Der Mensch betritt diese ihm fremde Welt vielleicht aus hehren Motiven, doch indem er es tut, zerstört er sie.

ANMERKUNGEN

Abgekürzt zitierte Literatur wird im Literaturverzeichnis (S. 107f) aufgeschlüsselt.

1 Immanuel KANT, Beantwortung der Frage: Was ist Aufklärung?, in: Berlinische Monatszeitschrift, Dezember 1784, S. 481–494: „*Aufklärung ist der Ausgang des Menschen aus seiner selbstverschuldeten Unmündigkeit. Unmündigkeit* ist das Unvermögen, sich seines Verstandes ohne Leitung eines andern zu bedienen. *Selbstverschuldet* ist diese Unmündigkeit, wenn die Ursache derselben nicht aus Mangel des Verstandes, sondern der Entschließung und des Mutes liegt, sich seiner ohne Leitung eines andern zu bedienen. ‚*Sapere aude!* Habe Mut, dich deines *eigenen* Verstandes zu bedienen!' ist also der Wahlspruch der Aufklärung"; zitiert nach: Horst D. Brandt (Hg), Immanuel Kant. Was ist Aufklärung? Ausgewählte kleine Schriften, Hamburg 1999, S. 20–27, hier S. 20.

2 Dieses und die nachfolgenden Zola-Zitate nach Oskar BÄTSCHMANN, Die Maler des modernen Lebens. Manet, Monet, Degas, Cézanne, in: Deutsches Institut für Fernstudien an der Universität Tübingen (Hg), Funkkolleg Moderne Kunst. Studienbegleitbrief 3, Tübingen 1989, S. 11–47, hier S. 21.

3 Franz Marc, Brief vom 12.09.1914, zitiert nach: MEISSNER 1989, S. 102f.

4 Vgl. Christof L. DIEDRICHS, Das Paradies bleibt verloren. Gauguins Südseebilder (= **ein**blicke. Kunstgeschichte in Einzelwerken 2), Freiburg i.Br./Norderstedt 2015, S. 18–21.

5 Gottfried BOEHM, Wie Bilder Sinn erzeugen. Die Macht des Zeigens, Darmstadt [3]2010, S. 147.

6 Helga KESSLER ARISCH u.a. (Hgg), Franz Xaver Winterhalter. Maler im Auftrag Ihrer Majestät, Stuttgart u.a. 2015.

7 HERDING 1991, S. 184.

[8] Charles BAUDELAIRE, Œuvres complètes. Hg. von Claude Pichois, Paris 1977, Bd. 2, S. 581; zitiert nach: Klaus Herding, Die Moderne. Begriff und Problem, in: Deutsches Institut für Fernstudien an der Universität Tübingen (Hg), Funkkolleg Moderne Kunst. Studienbegleitbrief 3, Tübingen 1989, S. 90–121, hier S. 100.

[9] Baudelaire, zitiert nach HERDING 1991, S. 188.

[10] Max IMDAHL, Barnett Newman. ‚Who's Afraid of Red, Yellow and Blue III', in: Ders., Zur Kunst der Moderne. Gesammelte Schriften, Bd. 1, hg. v. Angeli Janhsen-Vukićecić, Frankfurt am Main 1996, S. 244–273, hier S. 265.

[11] Werner HOFMANN, Caspar David Friedrich. Naturwirklichkeit und Kunstwahrheit, München ²2007, S. 239.

[12] Zitiert nach HERDING 1991, S. 183.

[13] STADLER 1986, S. 33.

[14] Susanne PARTSCH, Marc. 1880–1916, Köln 2005, S. 44.

[15] SCHOELLER 2016, S. 39.

[16] A. Macke an Bernhard Koehler, 08.19.1912; zitiert nach MEYER-BÜSER 2009, S. 20.

[17] Alois J. SCHARDT, Franz Marc, Berlin 1936, S. 29.

[18] An M. Franck, 06.01.1910; zit. nach MEISSNER 1989, S. 28f.

[19] Zit. nach SCHOELLER 2016, S. 126.

[20] Zit. nach SCHOELLER 2016, S. 82.

[21] HOBERG 1995, S. 16.

[22] An M. Franck, 24.07.1907; zit. nach MEISSNER 1989, S. 26.

[23] An M. Franck, 22.09.1907; zit. nach MEISSNER 1989, S. 27f.

[24] An R. Piper, 20.04.1910; zit. nach MEISSNER 1989, S. 30.

[25] An M. Franck, Ende März 1907; zit. nach MEISSNER 1989, S. 25.

[26] An M. Franck, 6.12.1910; zit. nach MEISSNER 1989, S. 34, und 31.01.1911; ebd., S. 45.

[27] An M. Franck, 31.01.1911; zit. nach MEISSNER 1989, S. 45.

[28] HOBERG 2005, S. 31.

[29] Christof L. DIEDRICHS, Das Paradies bleibt verloren. Gauguins Südseebilder (= **ein**blicke. Kunstgeschichte in Ein-

zelwerken 2), Freiburg i.Br./Norderstedt 2015, S. 22–32, und ders., Ohne Brille sieht man mehr. Jan van Eyck: „Die Madonna des Kanonikus Georg van der Paele“ (= **ein**blicke. Kunstgeschichte in Einzelwerken 3), Freiburg i.Br./Norderstedt 2016, S. 28–53.

30 Bisher ist der Titel bis zum Katalog der *Sonderbund*-Ausstellung vom 25.05.–30.09.1912 (S. 61, Nr. 450) zurückzuverfolgen. Ob er so auch schon in den (größtenteils vernichteten) Papieren Koehlers begegnet, dem das Bild im Mai 1912 bereits gehörte, bleibt noch zu überprüfen.

31 An M. Franck, 22.09.1907; zit. nach MEISSNER 1989, S. 28f.

32 An M. Franck, 14.07.1907; zit. nach SCHOELLER 2016, S. 98.

33 An R. Piper, 20.04.1910; zit. nach MEISSNER 1989, S. 30f. – Hier auch die folgenden Zitate.

34 An M. Franck, 24.07.1907; zit. nach MEISSNER 1989, S. 26; vgl. oben S. 39.

35 An M. Franck, 10.02.1911; zit. nach MEISSNER 1989, S. 48.

36 KLINGSÖHR-LEROY 2005, S. 78–127. – Den ‚Nutzen‘ dieses Studiums beschreibt Marc in einem Brief an Macke vom 14.11.1911: „der Nutzen lag allerdings meistens zwischen den Zeilen, in der Erkenntnis, daß man so gut wie nichts daraus brauchen kann, sintemalen sie sich in den schärfsten Behauptungen direkt widersprechen. […] Meine paar abergläubischen Begriffe über Farben dienen mir jedenfalls besser als alle diese Theorien“; zit. nach MEISSNER 1989, S. 49f.

37 An M. Franck, 20.02.2011; zit. nach MEISSNER 1989, S. 53. Hier auch die folgenden Zitate.

38 „[…] daß wir heute an der Wende zweier langer Epochen stehen, ähnlich wie die Welt vor anderthalb Jahrtausenden, als es auch eine kunst-religionslose Übergangszeit gab, wo Großes, Altes starb und Neues, Ungeahntes an seine Stelle trat.“ Franz Marc, Zwei Bilder. Erstdruck im Almanach *Der Blaue Reiter*, S. 33–38, zitiert nach LANKHEIT 1978, S. 144–146, hier S. 146. – „Wir erleben heute eine [*sic*] der bedeutendsten Momente in

der Kulturgeschichte. Alles, was wir von ‚alter' Kultur (Religion, Monarchentum, Adel, Privilegien (auch rein geistige), Humanismus etc. noch mit uns schleppen, ist eine ‚Gegenwart', die schon der Vergangenheit angehört!" An M. Franck, 21.01.1911, zit. nach MEISSNER 1989, S. 43f. – „Die kommende Zeit, die ‚Epoche des Geistigen', wie sie Kandinsky nennt, wird ihre ethischen und künstlerischen Formen aus den Gesetzen des exakten Wissens schöpfen." Franz Marc, Aphorismus 46; zit. nach LANKHEIT 1978, S. 199.

39 HOBERG 2005, S. 28.

40 Wie die vorhergehenden Zitate nach MEISSNER 1989, S. 35.

41 An A. Macke, 14.01.1911; zit. nach MEISSNER 1989, S. 41.

42 An M. Franck, 05.02.1911; zit. nach MEISSNER 1989, S. 46.

43 Sämtliche Zitate aus dem Brief Marcs an Macke vom 12.12.1910; zitiert nach MEISSNER 1989, S. 35. – Hier auch die beiden folgenden Zitate.

44 Christoph WAGNER, Franz Marc und die Musik. Prismatische Farbigkeit und organischer Rhythmus, in: Franz-Marc-Stiftung (Hg), Franz Marc und der Blaue Reiter, München 1998, S. 67–94, hier S. 77.

45 An M. Franck, 20.02.1911; zit. nach MEISSNER 1989, S. 53.

46 An M. Franck, 20.03.1911; zit. nach MEISSNER 1989, S. 54.

47 An A. Macke, 08.09.1911; zit. nach MEISSNER 1989, S. 59.

48 An A. Macke, 14.11.1911; zit. nach MEISSNER 1989, S. 49.

49 LASKER-SCHÜLER 1996, S. 270.

50 MARC 1911/12, S. 99f; die nachfolgenden Zitate ebenda. – Von Lankheit wieder eingefügte, im Manuskript vorgenommene Streichungen Marcs sind hier ausgelassen.

51 MARC 1912/3, S. 101. – Das folgende Zitat ebenda.

52 MARC 1912/3, S. 102. – Das folgende Zitat ebenda.

53 MARC 1912/3, S. 103. – Das folgende Zitat ebenda.

54 MARC 1912/3, S. 104.

55 MARC 1912/4, S. 105. – Das folgende Zitat ebenda.

56 MARC 1912/4, S. 106. – Das vorhergehende Zitat ebenda.

57 STADLER 1986, S. 32.

58 MARC 1911/12, S. 99f, hier zitiert nach STADLER 1986, S. 13.

59 MARC 1910, S. 98.

60 STADLER 1986, S. 33.

61 An M. Franck, 05.03.1915; zit. nach LANKHEIT 1978, S. 33.

62 Felix REUSSE, Hans Baldung Grien. Holzschnitte, Freiburg i.Br. u.a. 2016, S. 70; das folgende Zitat ebenda.

63 Friedrich SCHILLER, Über naive und sentimentalische Dichtung, in: Ders., Sämtliche Werke, Bd. 5, München 1959/ Darmstadt [9]1993, S. 694–780, hier S. 695.

64 An M. Franck, 24.07.1907; zit. nach MEISSNER 1989, S. 26; vgl. oben S. 39.

65 Vgl. Brief an A. Macke, 14.01.1911; zit. nach MEISSNER 1989, S. 41.

66 Vgl. Christof L. DIEDRICHS, Das Paradies bleibt verloren. Gauguins Südseebilder (= **ein**blicke. Kunstgeschichte in Einzelwerken 2), Freiburg i.Br./Norderstedt 2015.

67 An A. Macke, 12.12.1910; zit. nach MEISSNER 1989, S. 35. – Ebenda die folgenden Zitate.

68 Dokument im Nachlass Marcs (Deutsches Kunstarchiv im Germanischen Nationalmuseum Nürnberg); zit. nach SCHOELLER 2016, S. 77.

69 MARC 1910, S. 98.

70 An M. Franck, 22.09.1907; zit. nach MEISSNER 1989, S. 27f.

71 Franz Marc und Maria Franck waren erst seit 1913 rechtmäßig verheiratet, lebten aber schon Jahre zuvor in eheähnlicher Gemeinschaft zusammen. Eine frühere Hochzeit war durch Marie Schnür verhindert worden, mit der Marc im März 1907 eine Scheinehe eingegangen war.

72 MARC 1911/12, S. 99f; das nachfolgende Zitat ebenda.

73 Franz Marc, Aphorismen, Nr. 82; zit. nach LANKHEIT 1978, S. 209.

74 LASKER-SCHÜLER 1996, S. 270.

75 MARC 1912/13, S. 112f. Die folgenden Zitate ebenda.

ABBILDUNGEN

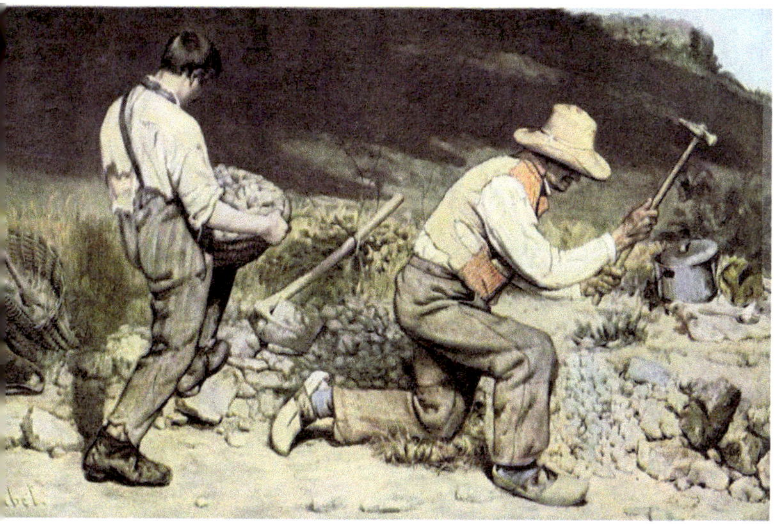

Abb. 2: Gustave Courbet, Die Steineklopfer, 1849;
1945 verbrannt

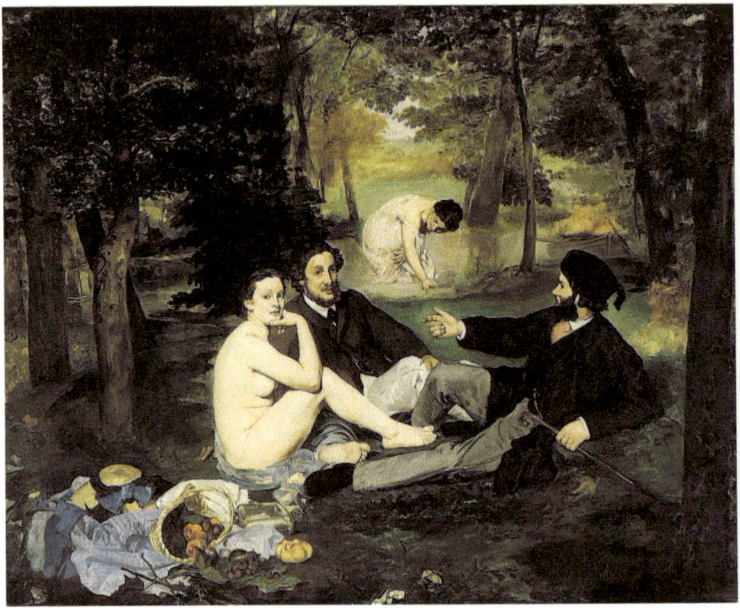

Abb. 3: Édouard Manet, Picknick im Freien
(*Le Déjeuner sur l'herbe*), 1863;
Paris, *Musée d'Orsay*

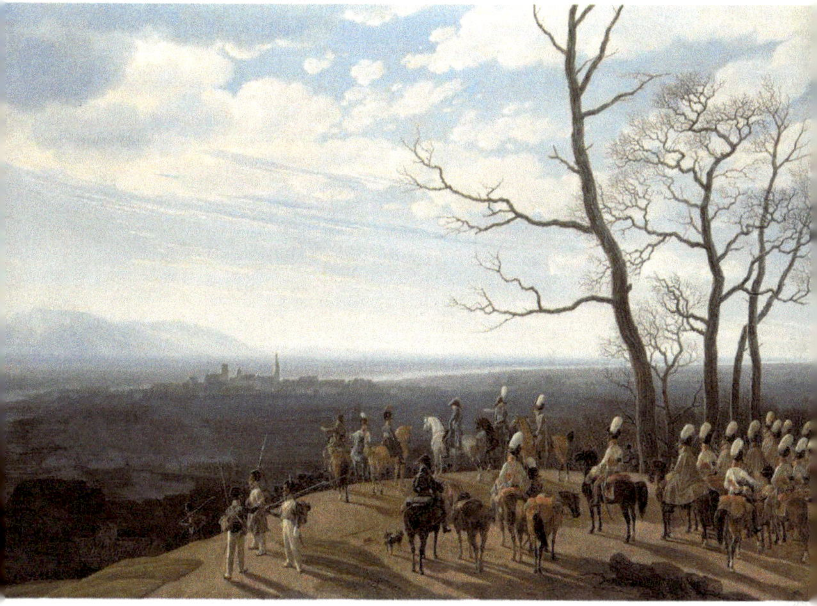

Abb. 4: Wilhelm von Kobell, Die Belagerung von Cosel, 1808; München, Neue Pinakothek

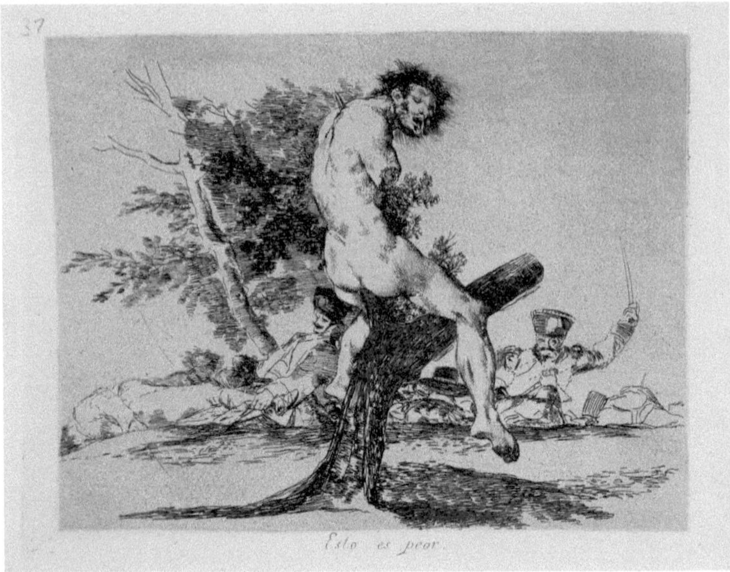

Abb. 5: Francisco José de Goya y Lycientes,
Esto es peor („Dies ist schlimmer“);
aus der Serie *Desastres de la Guerra* („Schrecken des Kriegs“),
Nr. 37, zwischen 1808 und 1814;
Madrid, Prado

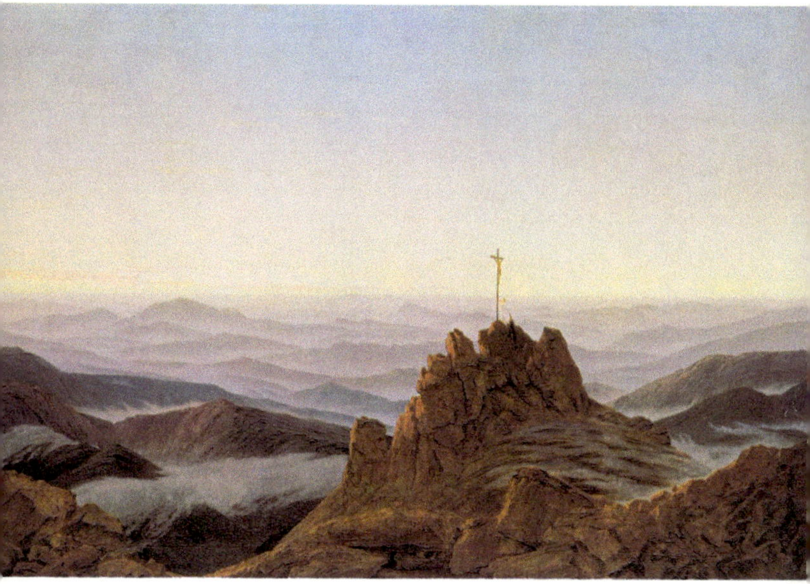

Abb. 6: Caspar David Friedrich, Morgen im Riesengebirge, 1810/11;
Berlin, Staatliche Museen Preußischer Kulturbesitz, Nationalgalerie

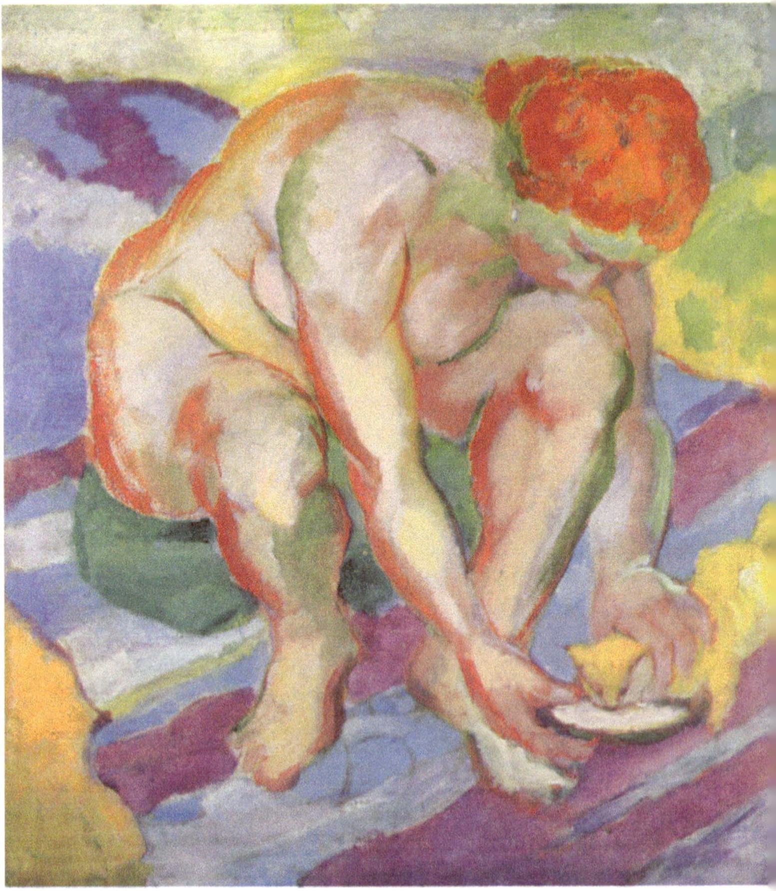

Abb. 7: Franz Marc, Akt mit Katze, 1910;
München, Städtische Galerie im Lenbachhaus

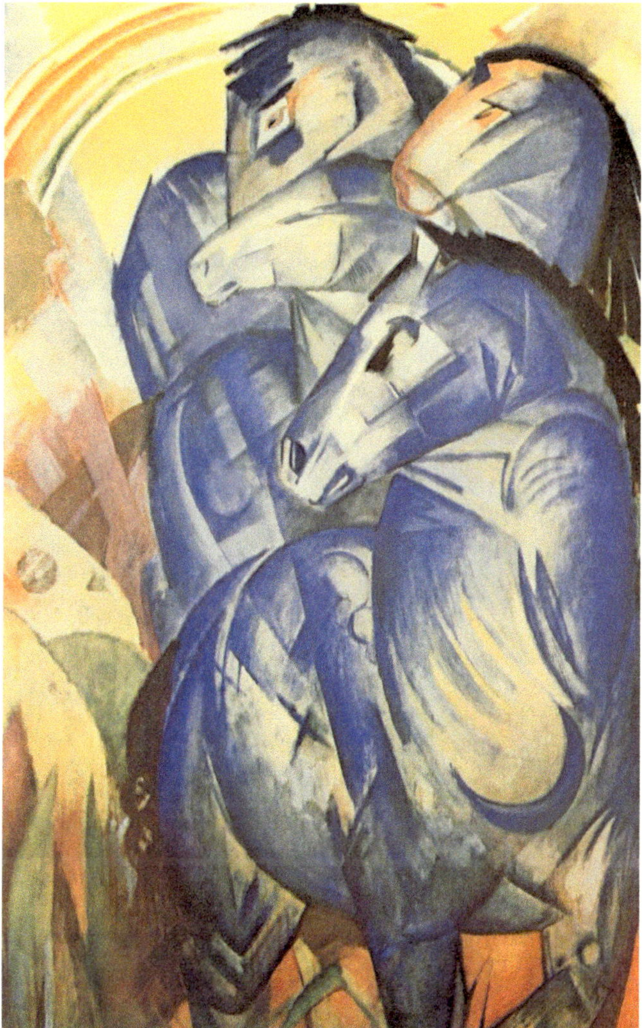

Abb. 8: Franz Marc, Der Turm der blauen Pferde, 1913; verschollen

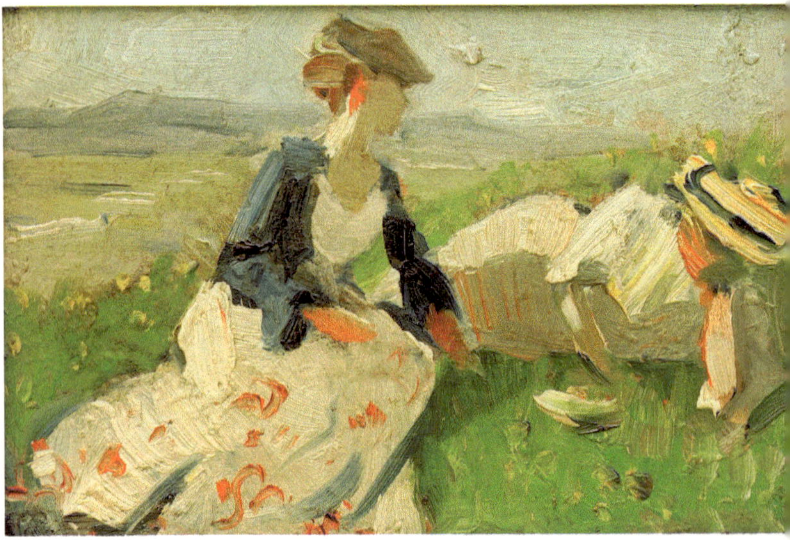

Abb. 9: Franz Marc, Zwei Frauen am Berg (Skizze), 1906;
Kochel am See, Franz Marc-Museum
(Eigentum der Bayerischen Staatsgemäldesammlungen)

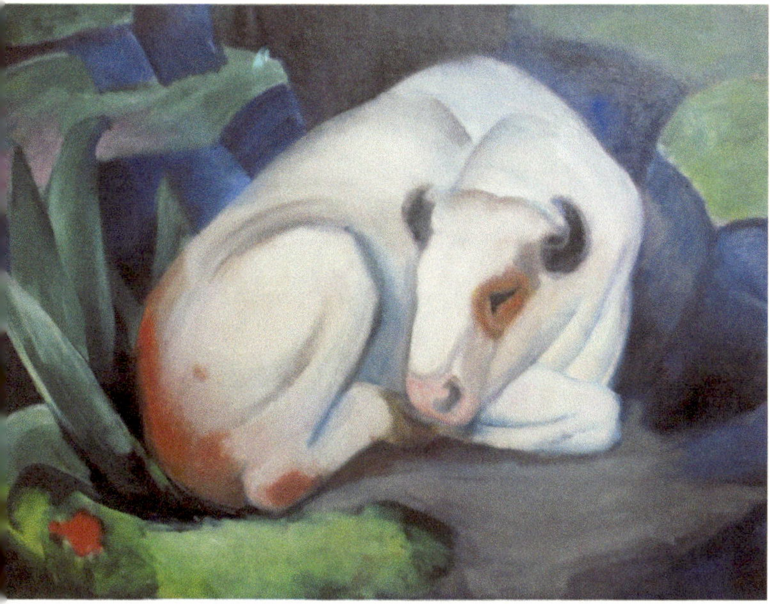

Abb. 10: Franz Marc, Der Stier, 1911;
New York, Solomon R. Guggenheim Museum

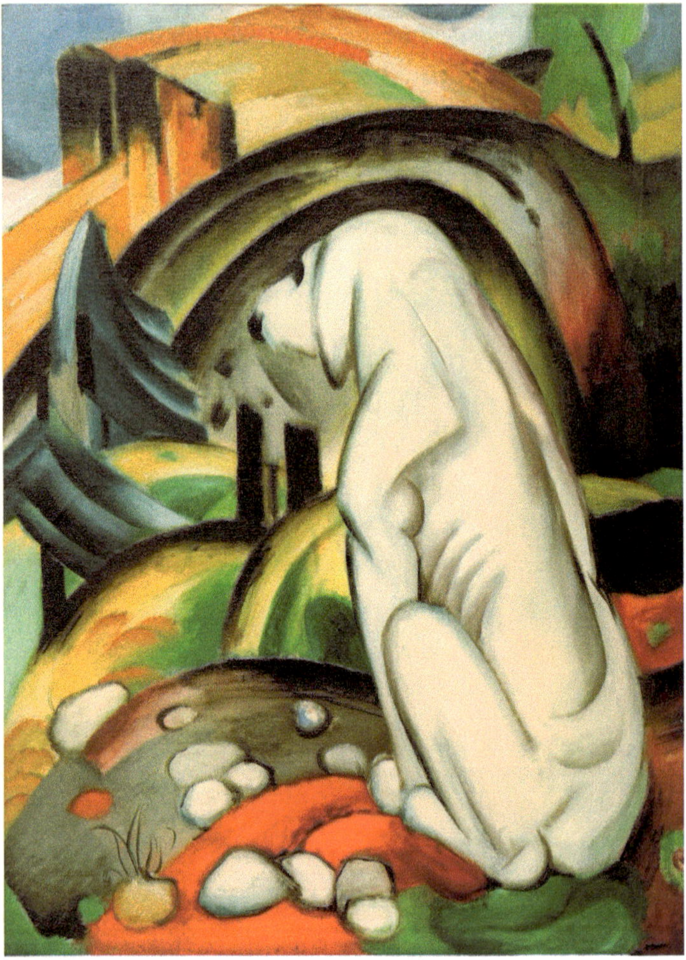

Abb. 11: Franz Marc, Der weiße Hund (Hund vor der Welt), 1912; Privatsammlung

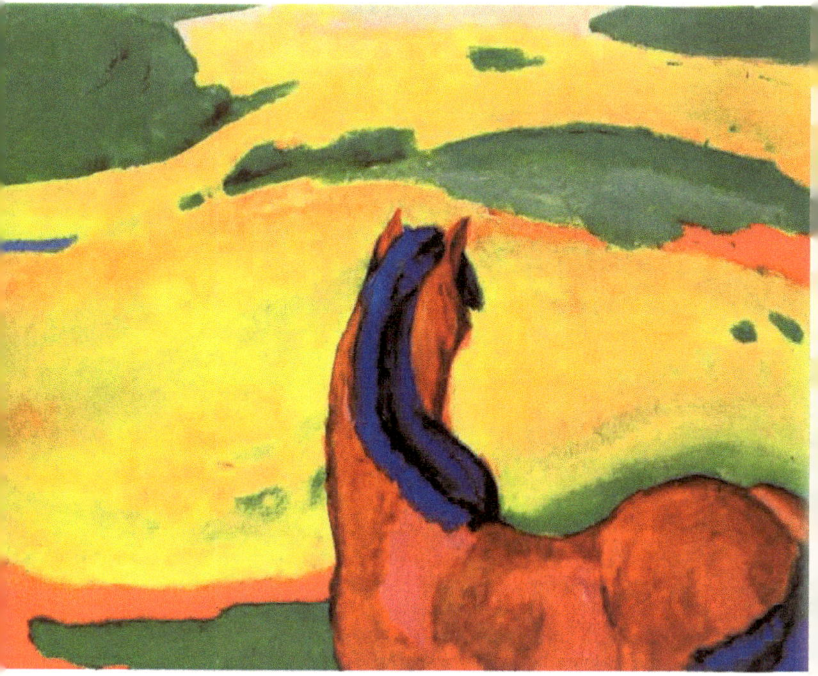

Abb. 12: Franz Marc, Pferd in Landschaft, 1910;
Essen, Museum Folkwang

ABBILDUNGSNACHWEIS

akg images: Abb. 9 u. 11.

Reinhard Piper, Das Tier in der Kunst, München ^{3}1910, S. 93: Textabb. S. 74.

WIKIMEDIA COMMONS: Cover/Abb. 1 (Wm Martin), Abb. 2, 7 und 8 (The Yorck Project), 3 (wartburg.edu), 4 (WGA 12220), 5 (Museo del Prado, Public Domain), 6, 10, 12; Textabb. S. 35 u. 78.

www.bigcats.com: Textabb. S. 48.

VERZEICHNIS DER VERWENDETEN LITERATUR

Das Literaturverzeichnis enthält ausschließlich in den Anmerkungen abgekürzt zitierte Literatur.

Schriften Franz Marcs

August MACKE/Franz MARC, Briefwechsel, Köln 1964.

Franz MARC, Aufzeichnungen auf Blättern in Quart [Winter 1911/12], in: LANKHEIT 1978, S. 99f (zitiert als MARC 1911/12).

Franz MARC, Aufzeichnungen auf Bogen in Folio [1912/13]; in: LANKHEIT 1978, S. 112f (zitiert als MARC 1912/13).

Franz MARC, Die konstruktiven Ideen der neuen Malerei [1912], in: LANKHEIT 1978, S. 105–108 (zitiert als MARC 1912/4).

Franz MARC, Die neue Malerei [1912], in: LANKHEIT 1978, S. 101–104 (zitiert als MARC 1912/3).

Franz MARC, Die ‚Wilden' Deutschlands [1912], in: KANDINSKY/MARC 1912, S. 28–32 (zitiert als MARC 1912/1).

Franz MARC, Über das Tier in der Kunst [1910], in: LANKHEIT 1978, S. 98 (zitiert als MARC 1910).

Franz MARC, Zwei Bilder [1912], in: KANDINSKY/MARC 1912, S. 33–38 (zitiert als MARC 1912/2).

Sekundärliteratur

Klaus HERDING, Die Moderne: Begriff und Problem, in: Monika Wagner (Hg), Moderne Kunst. Das Funkkolleg zum Verständnis der Gegenwartskunst, Reinbek bei Hamburg 1991, S. 175–196.

Annegret HOBERG, Franz Marc. Aspekte zu Leben und Werk, in: Dies./Helmut Friedel (Hgg), Franz Marc. Die Retrospektive, München u.a. 2005, S. 8–49.

Annegret HOBERG, Maria Marc. Leben und Werk 1876–1955, München 1995.

Wassily KANDINSKY/Franz MARC (Hgg), Der Blaue Reiter [1912]. Dokumentarische Neuausgabe von Klaus Lankheit, München/Zürich 1965/^{12}2012 (zitiert als KANDINSKY/MARC 1912).

Cathrin KLINGSÖHR-LEROY, Von der Eifersucht der Regenten auf den Purpur. Franz Marcs Notizen zur Farbenlehre, in: Dies. (Hg), Zwischen den Zeilen. Dokumente zu Franz Marc, Ostfildern u.a. 2005, S. 78–127.

Klaus LANKHEIT (Hg), Franz Marc. Schriften, Köln 1978.

Else LASKER-SCHÜLER, Franz Marc, in: Dies., Die Gedichte 1902–1943 (= Gesammelte Werke 1), Frankfurt am Main 1996.

Günter MEISSNER (Hg), Franz Marc. Briefe, Schriften und Aufzeichnungen, Leipzig/Weimar 1989.

Susanne MEYER-BÜSER, Marc, Macke und Delaunay. Ein Dreigestirn auf Zeit, in: Dies. (Hg), Marc, Macke und Delaunay. Die Schönheit einer zerbrechenden Welt (1910–1914), Hannover u.a. 2009, S. 12–26.

Wilfried F. SCHOELLER, Franz Marc. Eine Biographie, München 2016.

Wolf STADLER (Hg), Franz Marc. Mit den Augen der Tiere. 25 Gemälde, Freiburg u.a. 1986.

GLOSSAR
ERKLÄRUNG VON FACHBEGRIFFEN

Animismus: Glaube an die Beseeltheit der Natur und daraus resultierender Naturkräfte.

Anthropomorph: menschenähnlich; die ‚anthropomorph anmutende Mimik' der Pferde bezieht sich also auf das Mienenspiel der Pferde, das in auffälliger Weise dem von Menschen gleicht.

Farben, prismatische ⇨ Prismatische Farben

Fluchtpunktperspektive: Im 15. Jahrhundert durch den florentiner Architekten Filippo Brunelleschi (1377–1446) entwickelte Technik der Verwendung von Fluchtpunkten und Fluchtlinien, mit deren Hilfe eine überzeugende Raumwirkung auf der Malfläche eines Bilds zu erzeugen ist. (Gängigere, aber unzutreffende Bezeichnung: Zentralperspektive; hiermit ist strenggenommen nur eine bestimmte Art der Fluchtpunktperspektive gemeint, bei der nur *ein* Fluchtpunkt verwendet wird, der zudem genau im Zentrum des Bilds liegt.)

Kunstimmanente Ziele: Ziele, die innerhalb der Diskussion über Kunst verbleiben, statt über die Kunst hinaus beispielsweise der Weltdeutung zu dienen. Eine typisch kunstimmanente Frage ist die nach dem Wesen und der Eigenart von Kunst.

Mimesis (griechisch; Adjektiv: mimetisch): Nachahmung; in der Kunst die bildnerische Nachahmung der äußerlich wahrnehmbaren Wirklichkeit („Natur") in möglichst wirklichkeitsgetreuer, illusionistischer Weise.

Mithrasmysterium: Ursprünglich aus dem Iran stammender Kult, der v.a. im Römischen Reich, ganz besonders bei den Legionären, große Bedeutung erlangte. Zentrales Element des Kults war die Opferung eines Stiers. – Unterirdische

Kultstätten waren seit dem 2. Jahrhundert n. Chr. im gesamten Römischen Reich verbreitet.

Pantheismus (griechisch: „Allgottlehre"): Lehre, nach der Gott und Welt/Natur, Natur und Gott identisch sind.

Pleinairmalerei: Freilichtmalerei; Besonderheit der Malerei des 19. Jahrhunderts; vorher waren allenfalls Vorstudien vor der Natur entstanden, die Bilder selbst jedoch ausschließlich im Atelier. Die Malerei im natürlichen Licht ist eine der Grundforderungen des Impressionismus.

Prädestination: Auf der Grundlage von Schriften des Apostels Paulus (Römerbrief 8,28–30; Epheserbrief 1,3–14) und des Kirchenvaters Augustinus († 430) entwickelte Lehre von der Vorherbestimmung des Menschen zu ewiger Seligkeit oder ewiger Verdammnis. Der problematischste Teil dieser Lehre ist die sich aus ihr ergebende, theoretische Unmöglichkeit eines freien Willens, damit einer eigenständigen Entscheidung des Menschen für das Gute oder das Böse, aus der seine Seligkeit oder Verdammnis folgt.

Prismatische Farben: Farben, die entstehen, wenn Licht durch ein dreikantiges, durchsichtiges Prisma fällt. Das auf diese Weise entstehende Farbspektrum enthält die Farben Rot, Orange, Gelb, Grün, Blau und Violett.

Readymade: Kunstwerk, das aus einem weitgehend unveränderten Gebrauchs- bzw. Alltagsgegenstand besteht, das aus seinem ursprünglichen Kontext entnommen und zu einem Kunstwerk erklärt wird. – Das berühmteste *Readymade* ist „Fontain" (1917; Original verschollen) von Marcel Duchamp: ein auf seiner Rückseite liegendes Urinal aus weißem Porzellan, signiert mit „R. Mutt".

Salon: Führende Kunstausstellung in Paris. Den Namen erhielt sie durch den *Salon Carré* im Louvre, in dem seit 1737 in ein- oder zweijährigem Rhythmus die Ausstellung der neusten Kunstproduktion Frankreichs stattfand. Durch die Jury, die über die Ausstellung der Werke entschied und herausragende prämierte, war die Kontrolle des Kunstbetriebs durch die Akademie gewährleistet.

Subtext: Ein einem ausformulierten Text bzw. seiner ersten, unmittelbaren Sinnschicht unterliegender zweiter Sinn. Während der erste in der Literaturwissenschaft als „explizit formulierter Haupttext" bezeichnet wird, spricht man vom zweiten als dem „impliziten Subtext". Die Unterscheidung könnte auch, wie es in der Psychoanalyse üblich ist, zwischen ‚manifestem Gehalt' und ‚latentem Sinn' erfolgen. Während es sich bei ersterem um eine vordergründige Sinnschicht handelt, bezeichnet letztere eine hintergründige oder verborgene Sinnschicht, Sigmund Freud zufolge indessen um den *eigentlichen* Sinn des Texts. – Der Begriff „anthropologischer Subtext" bezieht sich auf diese verborgene Sinnschicht in den Bildern Franz Marcs, die über kunstimmanente Fragen hinausgreift und auf eine allgemein menschliche Ebene gelangt.

Veden (Singular: Veda): älteste religiöse Literatursammlung Indiens; die frühesten Schriften gehen bis ins 1. Jahrhundert v. Chr. zurück. Sie wurden ursprünglich in der vedischen Religion verwendet und teilen sich dieser Tradition entsprechend in Hymnen an die Götter, Lieder, Opfersprüche und Zauberlieder.

Ziele, kunstimmanente ⇨ Kunstimmanente Ziele

DANK

Mein herzlicher Dank gilt auch an dieser Stelle den ehemaligen Studierenden der Victor-Klemperer-Akademie, Freiburg. Ohne die intensive, gemeinsame Auseinandersetzung mit dem Bild und den sich daraus ergebenden Fragen hätte auch dieses Buch anders ausgesehen. Ihre engagierte Mitarbeit ist inzwischen zu einem festen Bestandteil der Entstehung dieser Bände geworden.

Als Testleser/innen und Kritiker, bei denen ich mich besonders bedanken möchte, haben sich diesmal u.a. zur Verfügung gestellt: Ute Buck, Romy Herzog, Marlies Keck, Christel Kuhn und Renate Michel.

Herzlich bedanken möchte ich mich auch bei den Mitarbeiterinnen des Lenbachhauses in München, Dr. Annegret Hoberg und Dr. Ursula Keltz, die mir bei einer Reihe von Fragen bezüglich des Originals von Marcs *Tiger* bereitwillig weitergeholfen haben.

Für Hilfe und freundliches Entgegenkommen im Zusammenhang der Abdruckgenehmigung der Bilder danke ich herzlich Katrin Merbach von *akg-images GmbH.*

Und schließlich haben sich graphisch wiederum Andree Kröger und René Deuster des Covers angenommen, wofür ich ihnen immer wieder sehr dankbar bin.

DIE REIHE „EINBLICKE – KUNSTGESCHICHTE IN EINZELWERKEN"

Während der Arbeit mit kunstinteressierten Menschen stellt sich immer wieder heraus, wie groß das Bedürfnis nach Unterstützung bei der Betrachtung und Deutung von Kunstwerken ist. Wer hier nicht im Bereich unbewiesener Vermutungen und willkürlicher, freier Assoziation verbleiben will, fühlt sich häufig auf sachkundige Anleitung angewiesen.

Leider ist eine solche nicht immer leicht zu erlangen, jedenfalls nicht auf einem gewissen Niveau, das sich nicht zuletzt durch die Absicherung in der aktuellen Forschungsliteratur auszeichnet. Allzu verbreitet ist die Vorstellung, Ergebnisse kunsthistorischer Forschung seien zeitlos gültig und bedürften niemals der Modifizierung oder gar der Korrektur.

Indessen ist dies ein Irrtum. Auch die kunsthistorische Forschung schreitet in ihren Erkenntnissen fort. Ältere, als sicher geltende Untersuchungsergebnisse werden nach einer gewissen Zeit revidiert, neue Sichtweisen setzen sich durch, frühere Deutungen und Einordnungen müssen zum Teil vollständig fallengelassen werden. Es gibt zahlreiche Beispiele dafür, dass sich als sicher geglaubte Forschungsergebnisse, selbst Ergebnisse naturwissenschaftlicher bzw. technischer Untersuchungen, nach einiger Zeit als schlichtweg falsch erwiesen haben.

Die Reihe „**ein**blicke – Kunstgeschichte in Einzelwerken" hat sich vor diesem Hintergrund zwei Ziele gesetzt:

1. Sie möchte interessierte Laien mit einer Methodik vertraut machen, die diese in die Lage versetzen soll, eigenständig und dennoch kompetent zu verlässlichen

Ergebnissen einer aktiven Betrachtung von Kunstwerken zu gelangen.
2. Außerdem wirkt die Reihe konsequent daran mit, aktuelle Ergebnisse kunsthistorischer Forschung bekannt zu machen und der Kunstbetrachtung interessierter Laien auf diese Weise eine vertrauenswürdige Grundlage zu geben.

Die Reihe „**ein**blicke", deren Westentaschenformat nicht zuletzt zur Lektüre vor dem Original-Kunstwerk anregen möchte, stellt in bunter Folge jeweils ein bestimmtes Werk aus der Geschichte der abendländischen Kunst vor, das Schritt für Schritt betrachtet und gedeutet wird und damit zu eigener Kunstbetrachtung auch anderer Werke anregen soll.

Nach dem Erscheinen der ersten vier Bände der Reihe über die Königshalle in Lorsch, Gauguins Südseebilder, Jan van Eycks *Madonna des Kanonikus van der Paele* und Franz Marcs *Tiger* sind zunächst folgende weitere Bände geplant:

Band 5: Mathis Gothart Nithart, gen. Grünewald, Die Kreuzigungstafel des Isenheimer Altars
Band 6: William Turner, Schatten und Dunkelheit – Der Abend vor der Sintflut
Band 7: Michelangelo Buonarroti, Das Jüngste Gericht in der Sixtinischen Kapelle

(Änderungen vorbehalten; bitte informieren Sie sich auf der Webseite www.kunstgeschichte-in-einzelwerken.de über den aktuellen Stand der Planung.)

*Bisher in der Reihe „**ein**blicke" erschienen:*

„Die Königshalle in Lorsch. Wiedergeburt der Antike im frühen Mittelalter"
ISBN: 978-3-7386-3767-0
96 Seiten; 17 Abbildungen, davon 6 farbig
Preis: € 9,99

„Das Paradies bleibt verloren. Paul Gauguins Südseebilder"
ISBN: 978-3-7392-2000-0
112 Seiten; 15 Abbildungen, davon 11 farbig
Preis: € 11,99

„Ohne Brille sieht man mehr. Jan van Eyck: ‚Die Madonna des Kanonikus Georg van der Paele'
ISBN: 978-3-8370-5738-6
112 Seiten; 10 Abbildungen, davon 6 farbig
Preis: € 11,99

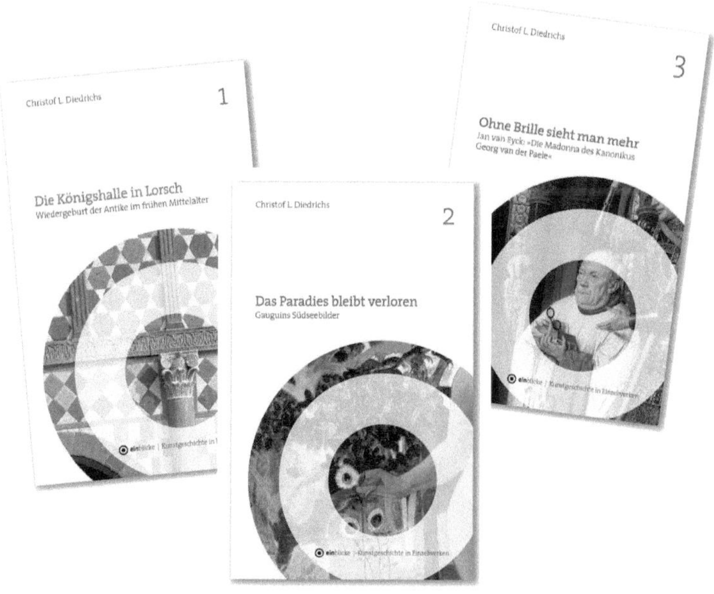

Stimmen zum Buch:

Der Autor „formuliert klar und verständlich. Er versteht es, das Interesse des Lesers zu erhalten, verzahnt nachvollziehbar theoretischen Hintergrund und schrittweise Bildbetrachtung. Eine besonders ansprechende Darstellung von Marcs *Tiger*-Bild!"
Renate Michel

„Die ‚Sinnhaftigkeit' von Franz Marcs *Tiger* ist mir beim Lesen sehr deutlich geworden. Die besondere Betrachtungsweise öffnet den Blick und leitet dazu an, auch kritische Gedanken zuzulassen. Das Stehenlassen von Widersprüchlichkeit und nicht zu beantwortenden Fragen machen das Buch zu einem spannenden Erlebnis."
Ute Buck

Stimmen
zu den anderen Büchern der Reihe:

„Das Buch ist spannend und flüssig zu lesen, ein deutlicher Unterschied zu den oft eher in verkopfter Fachsprache verfassten Werkmonographien“ (zu Band 1).
Christel Kuhn

„Diese Art Kunstbetrachtung macht Lust auf mehr“ (zu Band 1).
Amazon-Kunde auf amazon.de

„Die Texte sind sehr gut verständlich und kommen leichtfüßig daher, so dass das Lesen und Verstehen leicht fällt. Ich habe richtig Lust bekommen mich einmal ganz unbedarft vor ein Kunstwerk zu setzen und mit ihm in Dialog zu treten“ (zu Band 2).
Melanie Geppert

„Ein neuer Blick auf alte Werke.
In der Reihe ‚**ein**blicke – Kunstgeschichte in Einzelwerken‘ beschreibt der Autor, selbst promovierter Kunsthistoriker, ein neues Konzept der Auseinandersetzung mit Kunst, das interessierten Laien einen anderen Blickwinkel eröffnet. Er greift dabei nicht auf gängige Beschreibungen und Interpretationen zurück, sondern zeigt einen Weg auf, wie man sich mit eigenen Augen ein Kunstwerk erschließen kann. Historische Fakten und Daten werden wissenschaftlich fundiert, dabei gut verständlich und unterhaltsam dargestellt. Diese Reihe ist eine Entdeckung für alle, die sich für Kunstgeschichte interessieren, aber bisher noch nicht den richtigen Zugang gefunden haben.“
Lilli H. auf amazon.de